味つけや保存、
体に優しい使い方がわかる

塩の料理帖

角

誠文堂新光社

塩だからできること

私たちに一番身近な調味料といえば、やはり〝塩〟だといえるでしょう。でも身近ゆえに意外と知られていない側面があるな、と感じてきました。味を調えるのはもちろん、食材のうまみを引き出したり、保存性を高めたり。生命に直結する大切な役割も担う〝塩〟の可能性を一緒に探っていきましょう。

塩だけで味が決まる

1章 P.10 〜 51

塩もみと塩漬けで うまみを引き出す

2章 P.56 〜 83

ブレンドして楽しむ

4章　P.118 〜 129

1％と3％の塩水で素材を長持ちさせる

3章　P.88 〜 111

塩ストックで買い物の回数が減らせる

2章　3章　コラム　P.52 〜 55

塩の基本

まるい味に仕上がるのが魅力のあら塩が角田家の定番。本書に掲載のレシピも天日塩が原料のあら塩を使用しています。商品ごとに個性も違いますが、共通点をナビゲートします。

精製塩に比べて あら塩はにがりを 多く含みます

塩の種類はいくつかありますが、代表的なものは、自然の力で結晶化している塩を掘削した岩塩、塩田で海水を濃縮した〝天日塩〟と〝にがり〟を原料とするあら塩などがあります。いっぽう、精製してナトリウムの純度を高めた食塩や食卓塩は〝精製塩〟と呼ばれることも。あら塩は精製塩にくらべ、にがりを多く含むのが特徴です。

素材になじみやすく 味がまろやかなのが 特徴です

あら塩に多く含まれる〝にがり〟は、体に必要なミネラルのひとつ、塩化マグネシウムが主成分。にがりの効果で複雑なうまみが感じられ、ナトリウム純度の高い食塩にくらべて塩味がマイルドで、素材にもよくなじみます。あら塩は、きれいな海水から作られた塩の成分を大切にした塩で、食材の脱水や防腐にも役立ちます。

あら塩と焼き塩

いいことづくめのあら塩ですが、にがりが多く含まれると湿気やすくなるのが難点。「調理によってはサラサラの塩がいいけれど、できればあら塩を使いたい」という方におすすめなのが焼き塩です。市販品もありますが、いつものあら塩で手づくりもできます。

焼き塩のつくり方

鍋(またはフライパン)にあら塩適量を弱火で温め、へらでゆっくりと混ぜながら水分をとばす。2～3分間ほどたってサラサラになり、ほんのりと色づいたら火を止める。

塩は計量が命です

「少々」と「1つまみ」という、わずかな差でも影響を与えるのが塩の力。計量は正確にしましょう。

少々＜1つまみ

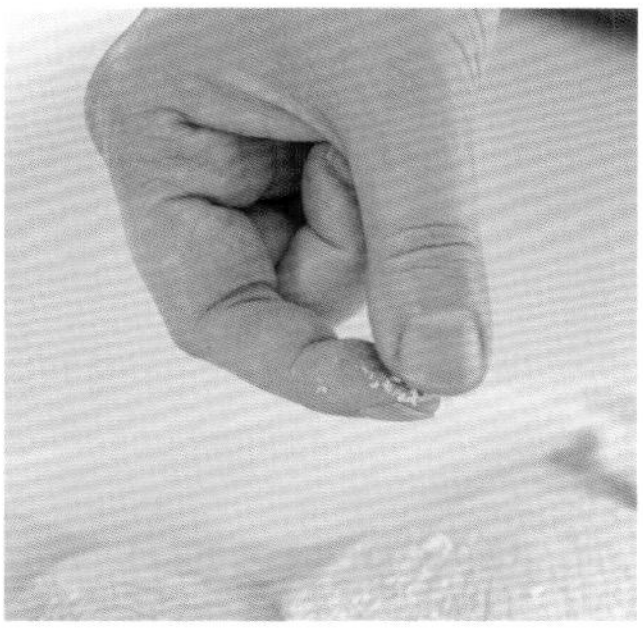

塩少々＝2本指、約0.6g、約小さじ1/10。塩1つまみ＝3本指、約1g、約小さじ1/6を目安にする。

必要に応じて換算を

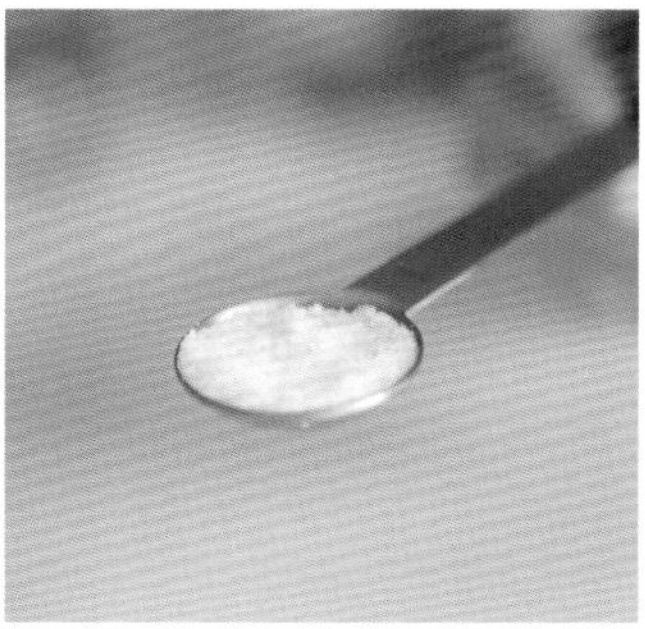

あら塩は小さじ1＝5g、大さじ1＝15g。精製塩だと小さじ1＝6g、大さじ1＝18g。比重が異なる。

塩を感じましょう

塩のおいしさをダイレクトに感じるには、塩むすびが一番。塩の奥深さが体感できますよ。

塩むすびのつくり方

ご飯(温かいもの)350g(1/4合分)を4等分にする。

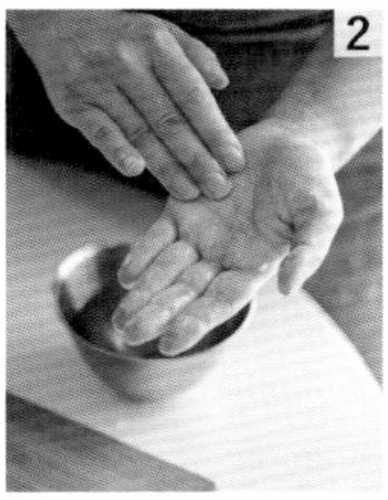

手をぬらし、塩小さじ1/8～1/4を手のひらに広げる。

ご飯を手のひらにのせ、3回手の中でやさしく転がし、三角に整える。

仕上げに軽く形を整える。同様にして、計4コつくる。

はじめに

生活スタイルの変わったこの一年半。
家庭で自炊をする機会が増えていて、
「しんどい」というお声を聞くことが多くなりました。

塩はシンプルに味をつけるだけでなく、保存にも重宝し、
週に一度もしくは二度の買い物スタイルの下ごしらえにも適しています。

こんな時こそ基本に立ち返り、
塩ひとつで作れる料理からスタートしてみませんか？

日々の食事で〝すごくおいしい〟を目指さず
自分や家族がほっとできる料理を作れたら
それで充分です。

２０２１年秋　角田真秀

だから今、
塩の料理帖
始まります。

Contents

3章

塩水レシピ

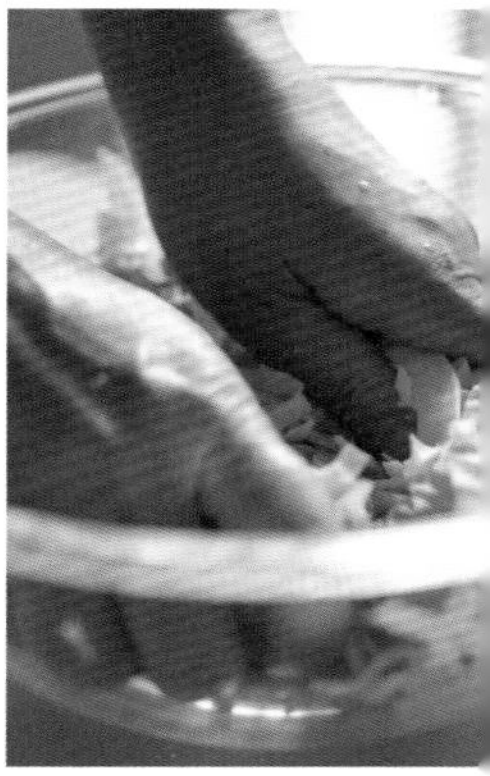

4章

香り塩レシピ

下処理について
◎野菜の「洗う」「皮をむく」などは基本的に省略しています。

冷蔵保存について
◎保存期間は目安です。保存状態や環境によって異なります。

材料の分量について
◎小さじ1は5㎖、大さじ1は15㎖、カップ1は200㎖です。

調理器具について
◎加熱調理の火加減はガスコンロ使用を基準にしています。

調味料について
◎塩は「あら塩」、砂糖は「きび砂糖」、酢は「米酢」、しょうゆは「濃口しょうゆ」を使っています。調味料は製品によって塩けや甘み、酸味が異なりますので、レシピの分量を目安に、味を見ながらお好みで加減してください。上白糖を使う場合は、量を少し減らしてください。
◎はちみつは1歳未満の乳児には与えないでください。

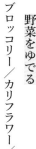

1章

塩だけレシピ

『塩の料理帖』は、塩以外の調味料で味を足さない料理から始まります。
砂糖、しょうゆ、みそ、酢、スパイスなどを加えることは簡単ですが、
食材が持つ力を最大限に生かそうとすれば、自然とそぎ落とされるもの。
肉や魚介類から出るうまみ、野菜やフルーツが持つ甘みや香りと
必要最低限の塩味さえあれば、日々の料理に困ることはなくなりますよ。

たくさんの調味料を並べずとも、おいしい料理は作れることを、この章でぜひ実感してください。

塩だけレシピ・5つのアプローチ

「塩だけ」で調理する方法は大きく5つ。

どの手法でも共通しているのは、調味料を足すのではなく、食材のうまみを引き出すという考え方です。

本書に掲載のレシピに限らず、これらの基本的な調理法を覚えれば、応用力も自然と身についていきます。

メインおかず、野菜の副菜、
スープに便利なソースなど。
5つの調理法を駆使して、
塩だけとは思えない多彩な
料理に仕上げていきます。

P.14 ～ 23

塩焼き

うまみを閉じ込める調理法

素材に塩をふって焼く調理法は、焼き魚でおなじみです。表面に塩を加えると浸透して身が締まり、型崩れが防げたり、うまみを閉じ込めるなどのメリットがあります。本書では、魚貝はもちろん、肉や野菜などさまざまな食材にこの手法を用いています。

旨味が溶け出す煮汁がキモ

調味料で甘みを足さない塩味の煮物は、ご飯にもお酒にもよく合い、最後まで飽きずに食べられます。食材の持つうまみや甘みが溶け出して、混然一体となった煮汁までおいしく仕上げるためには、まさに“塩梅”が肝要となります。

味がぼけないシンプルテク

炒め物というと、しょうゆや砂糖、鶏がらスープなど、さまざまな調味料を足しすぎて、味が濃いのにぼけるという失敗に陥りがちです。もっともシンプルな塩炒めを“基本の味”としてマスターすれば、ほかの味も上手に足せるようになります。

短時間で火を入れておいしさUP

本書では、レストランの塩釜蒸しのようなものではなく、塩味の蒸し物を「塩蒸し」と呼んでいます。蒸籠や電子レンジ、厚手の鍋など使う道具はさまざまですが、蒸気の力で短時間で火を通し、素材が持つうまみをギュッと閉じ込めます。

水分を引き出し味を濃縮

「あともう1品欲しい」というときに、覚えておくと便利なのが塩あえです。味つけは塩のみ。あとはオリーブ油やごま油などで食材をあえるだけで、気の利いた副菜や小鉢が完成します。食材から出てくる水分はしっかりきって、輪郭をくっきりとさせましょう。

塩焼き

しょうが焼きにチキンソテーといった
手早く作れるデイリーなおかずはもちろん、
ローストビーフのようなごちそうまで！
こんがりおいしく焼き上げましょう。

豚肉の塩しょうが焼き

家庭料理の大定番、しょうが焼きだって塩だけでつくれます。
豚肉の甘みが引き立ち、飽きの来ない味わいが新鮮！
キャベツはお好みで一緒に火を通しても、せん切りを添えても。

a

塩、しょうがを加えたら全
体をサッと混ぜましょう。

b

キャベツも一緒に火を通す
とたっぷり食べられます。

豚肉は
硬くなりやすいので要注意。
余熱で火を通すイメージです

シャキシャキのキャベツの
せん切りとトマトを添える、
定番スタイルにしても。

材料　2人分

豚ロース肉（薄切り）— 250g
キャベツ — 2枚（50g）
塩 — 適量
しょうが（すりおろす）— 小さじ2
酒 — 大さじ2
オリーブ油 — 小さじ2

1　キャベツはせん切りにし、塩1つまみをふって塩もみをする。

2　フライパンにオリーブ油を中火で熱し、豚肉を入れてこんがりと焼く。上下を返して塩小さじ1/2をふり、しょうがを加え（**a**）、全体をなじませる。酒をふってキャベツを汁ごと加え（**b**）、全体に火が通ったら器に盛る。

シンプルチキンソテー

パリッとおいしい鶏もも肉のソテーはお弁当にもピッタリ！
鶏肉に塩をまぶして一晩おき、よくなじませるのが大切です。
ひと手間かけることで、素材のうまみを存分に引き出せます。

材料　2人分

鶏もも肉 ― 1枚(250g)
塩 ― 小さじ1/2
にんにく(薄切り) ― 1/2かけ分
ローズマリー ― 1枚
オリーブ油 ― 大さじ1
ロメインレタス ― 適量
レモン(くし形に切る) ― 適量

1　鶏肉は余分な脂肪を除き、筋に切り目を入れ、塩をすり込む(**a**)。厚みのある部分に切り目を入れて開き、厚さを均一にする。にんにく、ローズマリーをのせてラップで包み、一晩おく。

2　フライパンにオリーブ油を中火で熱し、1の鶏肉を皮側を下にして入れる。4～5分間ほど焼き、下半分の色が変わってきたら上下を返して弱火にし(**b**)、もう3分間ほど焼く。

3　熱いうちにアルミ箔に包んで5分間ほどおき、切り分けて器に盛る。ロメインレタス、レモンを添える。

**アルミ箔で包んで、
余熱で中まで火を通すと、
柔らかくジューシーに仕上がります**

a

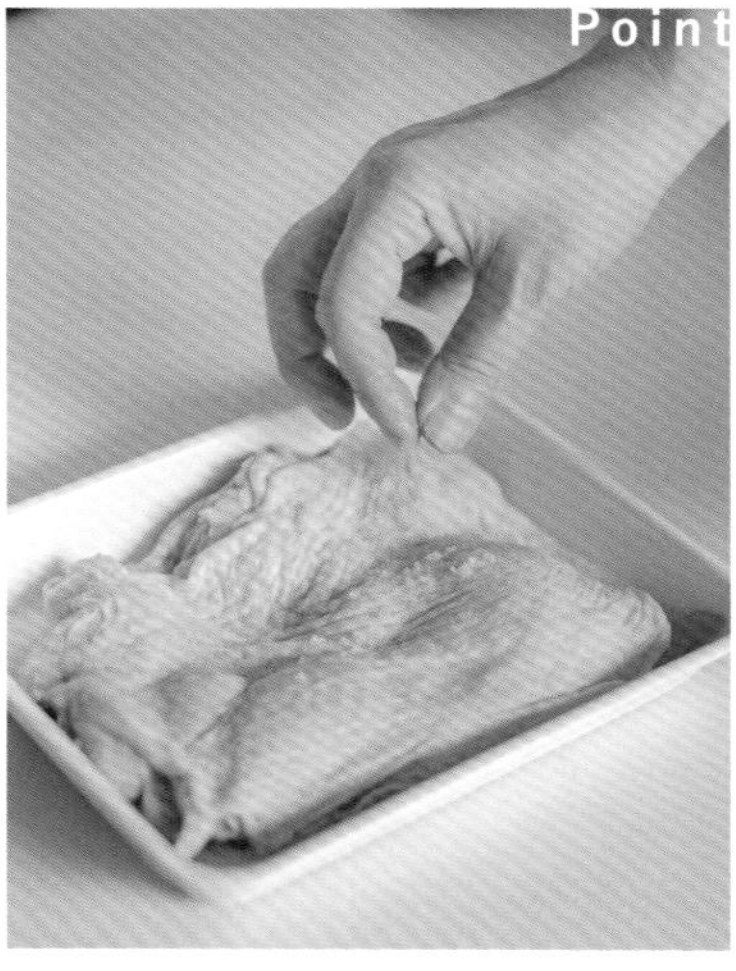

全体に塩をパラパラとふってから、まんべんなくすり込みます。

b

じっくりと火を通し、こんがりと焼き色がついたら上下を返します。

サーモンのアクアパッツァ風

魚介などを蒸し煮にしたイタリア料理の〝アクアパッツァ〟を家庭で手軽に。
塩をふったさけは表面をサッと焼いてから、あさりなどと蒸し煮にすることで、ふっくら香ばしい仕上がりとなります。

メインの魚は
たいやめかじきなどの
白身魚にかえても

材料　2人分

生ざけ(切り身)ー2切れ
塩ー4つまみ
ミニトマトー6コ
にんにく(薄切り)ー1かけ分
あさり(砂抜きしたもの)ー10コ
A 白ワインー大さじ2
　塩ー小さじ1/2
オリーブ油ー大さじ1
パセリ(みじん切り)ー適量

1　さけは塩4つまみをふる。ミニトマトは縦半分に切る。

2　フライパンにオリーブ油、にんにくを入れて中火で熱し、さけを入れる。両面をサッと焼き、バットなどに取り出す(**a**)。

3　2のフライパンをサッと拭き、あさり、**A**を入れる。あさりが開いてきたらさけを戻し入れ、ミニトマトを加えてひと煮立ちさせる(**b**)。器に盛り、パセリを散らす。

a

さけはあとで再び火を通すので、中まで完全に火を通さなくてもOKです。

b

ミニトマトがくったりとするくらいまで煮て、全体をなじませます。

じゃがいものガレット

最近ではさまざまな品種のじゃがいもが出回り、
色や食感の違いが楽しめます。
塩と小麦粉をまぶしてガレットにすれば、
おしゃれな軽食の完成です。

材料　2人分

じゃがいも ― 小3コ（あれば黄・赤・紫、各1コ）
塩 ― 小さじ1/4
小麦粉 ― 大さじ1
オリーブ油 ― 大さじ1と1/2

1　じゃがいもはせん切りしてボウルに入れ、塩、小麦粉をまぶす（3色でつくる場合は、それぞれの色ごとに分ける）。

2　フライパンにオリーブ油を弱めの中火で熱し、[1]の1/3量を入れる。手のひら大程度の円形にまとめながら4～5分間ほど焼き、カリッとしてきたら上下を返し、さらにカリッとなるまで3～4分間ほど焼く。同様に計3コつくる。

塩味の卵焼き

甘い卵焼きも、
だし巻きもおいしいけれど、
わが家の定番はすっきり塩味。
ご飯のおかずになります。

材料　2～3人分
卵 ─ 4コ
塩 ─ 2つまみ
サラダ油 ─ 大さじ1と1/2

1　ボウルに卵を割り入れ、塩、水大さじ1を加えてさっくりと混ぜ(混ぜすぎないようにする)、卵液をつくる。
2　卵焼き器にサラダ油を中火で熱してなじませる。余分な油をペーパータオルで拭き取って1の卵液の半量を流し入れ、菜箸で大きく混ぜる。
3　手前に半分に折りたたむ。2のペーパータオルを使って油をなじませ、残りの卵液を2回に分けて加え、その都度、同様に折りたたむ。

材料　つくりやすい分量

牛もも肉(塊・たこ糸で縛る)＊ — 600g
塩 — 大さじ1弱(12g)
にんじん — 1本
たまねぎ — 1コ
サラダ油 — 大さじ4
バター — 15g
サラダ菜 — 適量
粒マスタード — 適宜
＊室温に30分間以上おく。

薄くスライスしたローストビーフはサンドイッチやサラダなどにも活躍します。

1　牛肉の表面に塩をすり込む(**a**)。にんじんは5㎜幅の斜め薄切りに、たまねぎは縦1㎝幅に切る。

2　フライパンにサラダ油を強火で熱し、牛肉の全面をこんがりと焼く。

3　バター、にんじん、たまねぎを加えて中火にし、ときどき炒めるように動かしながら10分間ほど焼く(**b**)。牛肉をアルミ箔で包み、そのまま1時間ほどおいて中まで火を通す。粗熱が取れたら冷蔵庫に一晩おく。薄く切り分けて器に盛り、サラダ菜、好みで粒マスタードを添える。

フライパンだけでOK！
オーブンいらずの、
お手軽ローストビーフです

a

室温に戻した肉に塩をして焼きます。手順を守ることで柔らかく仕上がります。

b

牛肉の表面をこんがりと焼く間に、にんじん、たまねぎの風味を移します。

フライパン ローストビーフ

パーティーメニューとして人気の
ローストビーフをお手軽に。
調味料は塩だけでも、
にんじんとたまねぎの香りをまとわせた牛肉は、
びっくりするほど本格的な味わいです。

塩炒め

フライパン１つでササッと作れる
スピード炒め物は、忙しい日の頼れる味方です。
調味料が塩だけなので色鮮やかなのもいいところ。
アツアツのうちに、口いっぱいに頬張って！

豚肉とトマト、卵の炒め物

定番の中華風炒め物。調味料がたくさん必要なイメージですが、塩だけでも、本格的かつ理想の味に仕上げることができるんです。ご飯にのっけて丼風に楽しむのもおすすめです。

材料　2人分

豚こま切れ肉 ― 200g
トマト ― 1コ
溶き卵 ― 2コ分
塩 ― 小さじ1/2
サラダ油 ― 適量

1　トマトはザク切りにする。豚肉は大きければ食べやすい大きさに切る。

2　フライパンにサラダ油小さじ2を入れて強火で温め、卵を入れて大きくかき混ぜ、ボウルなどにあける(**a**)。

3　フライパンに油小さじ1を足し、豚肉を中火で炒める。色が変わってきたらトマトを加え、塩をふり、ざっと炒める(**b**)。2の卵を戻し入れ、炒め合わせる。

卵は、混ぜすぎないこと。トロリと上にのせると、見映えもよく仕上がります

a

卵は大きくかき混ぜて半熟状に。火が通り過ぎないよう、いったん取り出します。

b

豚肉、トマトを炒め合わせて塩を加え、味を決めてから卵を戻し入れます。

えびとアスパラのレモンバター炒め

プリプリのえびと、シャキシャキのアスパラガス。
２つの食材の食感が絶妙。炒めすぎないように気をつけましょう。
えびは冷凍でもＯＫ。１１２ページのように、塩水で解凍するのがおすすめです。

a

バターの風味をまとわせるように、アスパラガスに火を通します。

b

えびを加えたあとは手早く仕上げて、堅くならないようにしましょう。

**プリプリの食感が身上！
損なわないように
火加減に注意しましょう**

材料　２人分

むきえび ─ 10 ～ 12 匹（80g）
グリーンアスパラガス ─ 6 本
レモン汁 ─ 大さじ 2
バター ─ 20g
A　酒 ─ 大さじ 2
　　塩 ─ 2 つまみ

1　グリーンアスパラガスは根元 1㎝切り落とし、根元から 1/3 の皮をピーラーで薄くむき、長さを 3 等分にする。えびはレモン汁をまぶす。

2　フライパンにバターを中火で温め、アスパラガスを 30 秒間ほど炒める（**a**）。1のえびを加え、混ぜ合わせた A を加えて全体を軽く炒める（**b**）。

チンゲンサイの塩にんにく炒め

にんにくの風味と、干しえびのうまみ、トロミ加減が抜群！　お好みの青菜に変えても。

材料　2人分

チンゲンサイ ―3株
かたくり粉 ― 小さじ2
にんにく（薄切り）―1/2かけ分
干しえび ― 小さじ1
塩 ― 小さじ1/2
ごま油 ― 小さじ2

1　チンゲンサイは根元を切り落としてはがし、4㎝長さに切り、葉と軸に分けておく。かたくり粉は水大さじ1と混ぜ合わせる（水溶きかたくり粉）。

2　フライパンにごま油、にんにく、干しえび、塩を入れて弱火にかける。香りがたってきたらチンゲンサイの軸を入れて炒める。しんなりとしてきたら、葉も加える。1の水溶きかたくり粉を再びよく混ぜて回し入れる。ざっと混ぜ、軽くトロミをつける。

れんこんとベーコンの塩炒め

れんこんの軽妙な歯触りが楽しい、酒肴にもなる副菜。ベーコンのうまみが全体に行き渡り、食欲をそそります。

材料　2人分

れんこん ― 150g
ベーコン(塊) ― 60g
酒 ― 大さじ1
塩 ― 小さじ1/2
サラダ油 ― 小さじ1

1　れんこんは一口大の乱切りにする。ベーコンは1㎝厚さの棒状に切る。

2　フライパンにサラダ油を中火で熱し、れんこんを炒め、ベーコンを加えてざっと炒め合わせ、ベーコンがこんがりとしてきたら酒を加える。1分間ほど焼きつけるようにして火を通し、塩をふる。

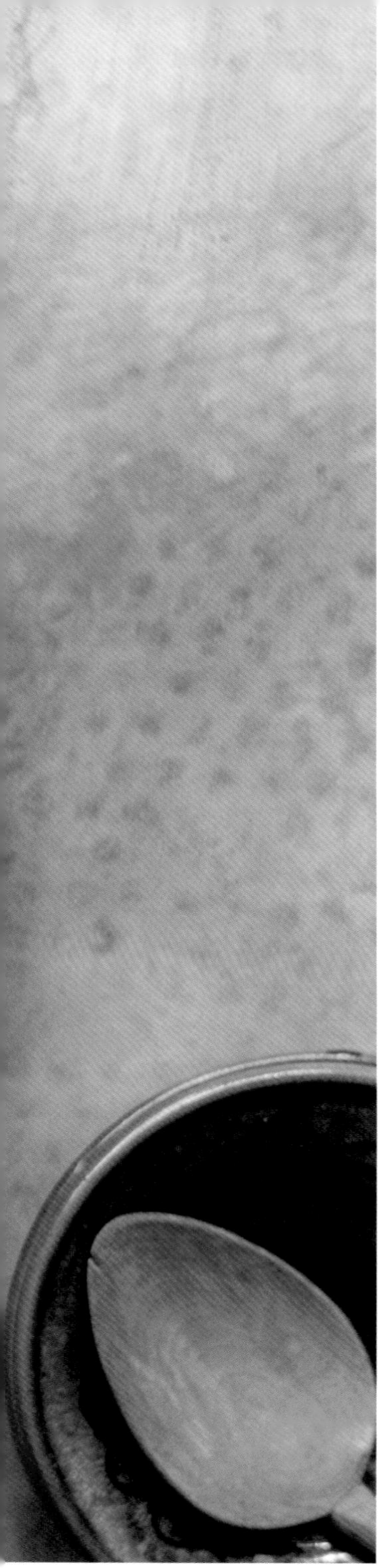

牛肉とアボカドのレモン塩炒め

うまみたっぷりな牛肉、
マイルドな味わいのアボカドには、
シンプルにレモンと塩の味つけで充分。
味のバランスが絶妙で、
ご飯にもパンにも、
パスタにもよく合います。

材料　2人分

牛切り落とし肉 ― 250g
アボカド ― 1コ
レモン汁 ― 大さじ2
塩 ― 小さじ1/2
バター ― 20g
レモンの皮(国産) ― 少々

1　アボカドは種と皮を除いて縦半分に切り、薄切りにしてレモン汁をまぶす。牛肉は大きければ食べやすい大きさに切り、塩をもみ込む。

2　フライパンにバターを中火で温め、牛肉を炒める。色が変わってきたらアボカドを加え、炒め合わせる(**a**)。器に盛り、レモンの皮をすりおろして加え、ザッと炒め合わせる(**b**)。

a

アボカドを加えたあとは、火を通し過ぎないようにしましょう。

b

すりおろしてすぐのレモンの皮を加えると、香りのよさが格別となります。

男女みんなの胃袋をつかむ
人気メニューです！
アボカドはサッと炒めればOK

塩あえ

手間ひまかけたあえ衣もいいけれど、
シンプルな塩あえは年中食べても飽きません。
野菜に対して塩が効きやすいので、
初めて作るときは丁寧な計量と味見を忘れずに。

トマトの塩あえ

豆苗の塩あえ

トマトの塩あえ

塩とオリーブ油であえるだけ！
とっても簡単なレシピですが、
ひと際甘みが強く味の濃いミディトマトの
おいしさがくっきりとします。

材料　2人分

ミディトマト ─ 3～4コ
塩 ─ 小さじ1/2
オリーブ油 ─ 大さじ1

1　トマトはヘタを除いて縦4等分に切る。ボウルに入れて塩をまぶし、5分間ほどおく（a）。
2　水けをきり、オリーブ油であえる。

a

全体に塩をまぶしたら、そのままおいて、余分な水分を抜きます。

豆苗の塩あえ

キュッとした食感、
豆の香りが人気の豆苗は塩味と好相性。
香ばしいごま油とともにあえれば、
ビールにもご飯にもぴったりの一品に。

材料　2人分

豆苗*─ 1/2袋（150g）
塩 ─ 2つまみ
ごま油 ─ 大さじ1
＊生食するので再生栽培ではないものを使用。

1　豆苗は根元を除き、長さを3等分に切る。ボウルに入れて塩をサッとまぶす。
2　水けをきり、ごま油であえる。

Column

塩とオイルであえるだけ。料理の仕上げにも

料理の脇役として活躍できる塩あえ。加える油の種類でも仕上がりが無限に変わります。好みでドライフルーツやはちみつなどを少し加えて変化をつけたり。無理に食べきらず、煮物やパスタ料理の仕上げに加えてもいいですよ。

切り干し大根の塩しょうがあえ

いつも和風味の煮物にしがちな切り干し大根がすてきな冷菜に昇格。
シャキッとした歯ざわりが小気味よく、しょうがの風味が鼻を抜けます。

材料　2人分

切り干し大根(乾)ー20g
塩ー小さじ1/2
しょうが(すりおろす)ー1/3かけ分
オリーブ油ー大さじ1

1　切り干し大根はサッと洗い、たっぷりの水にサッとつけてざるに上げる。そのまま5分間おき、水けを絞り食べやすい長さに切る。
2　ボウルに入れ、塩、しょうがを加えて混ぜ、オリーブ油を加えてあえる。

かぶとレーズンの甘酢あえ

〝甘酢あえ〟といっても、砂糖は不使用。
レーズンの自然な甘みを生かします。
酸味、塩けとのバランスが程よくとれていて、
箸が進みますよ。

材料　2人分

かぶ ― 2コ
塩 ― 小さじ1/2
レーズン ― 大さじ1/2
酢 ― 大さじ1

1　かぶは葉を切り落とし、1cm幅のくし形に切る。ボウルに入れて塩をふってよくもみ、水けを軽く絞る。

2　レーズンと酢を加えて混ぜ合わせる。レーズンがふっくらとするまでなじませる。

あえるだけのシンプルソース

塩あえのバリエーションとして、
２つのソースをご紹介します。
出来立てのフレッシュな味もいいけれど、
時間が経つにつれ野菜のうまみが混然一体となり、
まろやかな味わいに変化します。

ねぎ塩ダレ

サルサソース

ねぎ塩ダレ

冷蔵庫にあると安心。
なにかと使えるねぎ塩ダレも
〝塩あえ〟の仲間。
材料を刻んであえるだけ。
余計なものが入らない
自家製は、安心安全です。

材料　つくりやすい分量

ねぎ（白い部分）ー 10㎝
にんにく・しょうが ー 各 1/2 かけ
A ・レモン汁・ごま油 ー 各大さじ 2
　・塩 ー 小さじ 1

ねぎ、にんにく、しょうがはみじん切りにし、**A** と混ぜ合わせる。

＊清潔な保存容器に入れ、冷蔵庫で 5 日間保存可能

牛カルビ肉などの焼き肉にタレとしてかけるほか、蒸し鶏や焼いた厚揚げ、チャーハンなどにも使えます。

サルサソース

トマトたっぷり、
フレッシュなおいしさが魅力の
サルサソースです。
お好みでチリパウダーや
黒こしょう適量で
辛みを加えても。

材料　つくりやすい分量

トマト ー 2 コ
たまねぎ ー 1/2 コ
塩 ー 適量
オリーブ油 ー 大さじ 2

1　たまねぎはみじん切りにし、塩 2 つまみをもみ込んで 1 分間ほどおいて水けをしっかりと絞る。トマトはヘタを除いてザク切りにし、塩小さじ 1/2 をふって混ぜる。

2　たまねぎとトマトと混ぜ合わせ、オリーブ油を加えてあえる。

＊清潔な保存容器に入れ、冷蔵庫で 3 日間保存可能

チキンソテー（P.16 参照）などの肉料理のソースにしたり、サラダのドレッシングに活用しても。

塩煮

副菜にちょうどいい小さな煮物から、
ポカポカと芯から温まる主菜となる煮物まで。
澄んだ煮汁がキリッとおいしくて
冬はもちろん、一年中恋しくなります。

たまねぎの塩煮

かぼちゃの塩煮

さっぱり塩煮豆

りんごの塩煮

たまねぎの塩煮

そのまま食べても、肉料理のつけ合わせなどにしても。

材料　2人分

たまねぎ ─ 1コ
塩 ─ 小さじ1/2
オリーブ油 ─ 小さじ2

1　たまねぎは1.5cm厚さの輪切りにする。

2　小さめのフライパンにオリーブ油を中火で熱し、たまねぎを入れて両面をこんがりと焼く。

3　水カップ1/2、塩を入れてふたをして2分間煮る。ふたを取り、水カップ3/4を加え、弱火にして3分間煮る。

かぼちゃの塩煮

かぼちゃ本来の自然な甘みが楽しめる煮物。色もキレイです。

材料　2人分

かぼちゃ ─ 1/4コ
A
- 水 ─ カップ3/4
- 酒 ─ 大さじ2
- 塩 ─ 小さじ1/2

サラダ油 ─ 小さじ1/2

1　かぼちゃはワタを除き、ところどころ皮を削ぎ、一口大に切る。

2　小さめのフライパンにサラダ油を中火で熱し、かぼちゃをサッと焼きつける。Aを加えて煮立てて弱火にし、ふたをして5分間ほど煮る。

さっぱり塩煮豆

だしいらずでお手軽！箸休めやお弁当にぴったりの副菜です。

材料　2人分

大豆（ドライパック）─ 100g
にんじん ─ 1/4本
しいたけ ─ 2枚
塩 ─ 小さじ1/2
サラダ油 ─ 小さじ1

1　にんじん、しいたけは1cm角に切る。

2　小さめのフライパンにサラダ油を中火で熱し、大豆、1を炒める。水1/2カップ、塩を入れ、3分間ほど煮る。

りんごの塩煮

豚肉のソテーに添えたり、ヨーグルトやバニラアイスにのせても。

材料　2人分

りんご ─ 1コ
塩 ─ 2つまみ
米油（またはサラダ油）─ 小さじ2

1　りんごはよく洗い、皮つきのまま縦8等分のくし形に切り、芯は除く。

2　小さめのフライパンに米油を中火で熱し、りんごを炒める。しんなりとしてきたらいったん取り出す。

3　2のフライパンに水3/4カップ、塩を入れて煮立たせて中火にし、2を加えて3分間ほど煮る。

手羽元と大根の煮物

骨つき肉ならではの
深いうまみが移った煮汁が絶品！
その煮汁を芯まで吸った大根も
とろけるおいしさです。

材料　2人分

鶏手羽元 ― 6本
大根 ― 6cm
ねぎ ― 1本
しょうが ― 1かけ
酒 ― 大さじ3
塩 ― 大さじ1
サラダ油 ― 大さじ1

1　大根は2cm厚さの半月切りにし、面取りをする。ねぎは青い部分を切り分け、白い部分は斜め薄切りにする。しょうがは薄切りする。

2　鍋にサラダ油を中火で熱し、ねぎの白い部分を炒める。香りがたってきたらいったん取り出す。

3　同じ鍋に手羽元、水カップ1と1/4、しょうが、酒、ねぎの青い部分を加えて強めの中火で煮る。煮立ったら大根、水カップ3/4、塩を加えて再び煮立たせる。弱めの中火にして[2]のねぎの白い部分を加え、ふたをして15分間煮る。

たらとカリフラワーのミルク煮

旬の魚と野菜でつくる、
温かな冬のごちそうメニュー。
たらは塩をふり、
先に焼いておくことで
においを抑えます。

材料　2人分

生だら（切り身）－2切れ
カリフラワー－1/4コ（120g）
たまねぎ－1/2コ
バター－15g
小麦粉－大さじ1強（10g）
牛乳－カップ1と1/2
白ワイン－大さじ2
塩－適量
オリーブ油－小さじ2

1　たらはペーパータオルで水けを拭き取り、片面につき塩1つまみずつふる。カリフラワーは小房に分け、たまねぎは2㎝厚さのくし形に切る。

2　鍋にオリーブ油を入れて強火で温め、たらを両面サッと焼く。いったん取り出し、3等分に切っておく。

3　鍋にバターを入れて弱火で溶かす。小麦粉をふるい入れ、粉っぽさがなくなるまでこげないように木べらで混ぜる。牛乳大さじ3を加え混ぜ、溶きのばす。残りの牛乳を5回くらいに分けて加え、その都度よく混ぜる。牛乳を全て加えたら、少しトロミがつくくらいまで中火で煮詰める。

4　たまねぎ、カリフラワー、白ワインを加え、弱めの中火で2分間煮る。2のたらを加えて弱火にし、さらに2分間煮る。仕上げに塩小さじ1/2弱を加えて調える。

塩おでん

しょうゆや砂糖は使わない、塩味のおでん。
味の決め手は鶏だんごです。
だんごのゆで汁をスープがわりに使うので、
和風だしや鶏ガラスープがなくても、
うまみたっぷりの煮汁となります。

材料　2人分

A
- 鶏ひき肉(もも)ー250g
- ねぎ(みじん切り)ー10cm分
- 溶き卵ー1コ分
- 塩ー小さじ1/2

大根　6cm
昆布(5cm四方)ー1枚
ゆで卵(縦半分に切る)ー2コ分
ちくわ(長さを半分に切る)ー2本分
つみれ(市販)ー4コ
はんぺん(半分に切る)ー1枚分

B
- 酒ー大さじ2
- 塩ー小さじ1

1　大根は1.5cm厚さの輪切りにし、面取りをする。鍋に大根とたっぷりの水を入れて火にかける。沸騰したら中火にして10分間ゆでる。ボウルにAを入れてよく練り混ぜる。

2　土鍋に水カップ5、昆布を入れて中火にかける。沸騰したら昆布を取り出し、1の鶏だんごを大きめの一口大に丸めて落とし入れる。2分間ほど煮て、いったん取り出す。

3　2のゆで汁が残った土鍋にBを加え、大根を15分間煮る。ゆで卵、ちくわ、つみれ、はんぺんなど好みのおでんダネと2の鶏だんごを加え、弱火で10分間ほど煮て、味を含ませる。

意外とおかずにならない
おでんですが
角田家流ならご飯が進みます

a

鶏だんごから煮ることで、
煮汁にうまみが行き渡り、
おいしいだしになります。

b

練り物の塩分などで味が変
わるので、味を見て足りな
ければ塩をふります。

塩蒸し

せいろや電子レンジを使って蒸したり、
フライパンでふたをして蒸し煮にしたり。
スチームの力で一気に火を通した塩蒸しは、
立ち上る湯気がすでにおいしい！

本格シューマイ

帆立ての貝柱と干ししいたけのうまみたっぷり!
アツアツのシューマイは手間ひまをかけるかいのあるメニュー。
なにもつけなくても十分おいしいんです。

a

材料をすべてボウルに入れ、粘りが出るまで練ります。よく練ると弾力が出て、口当たりがよくなります。

b

親指と人差し指で輪を作り、皮を包みこむようににぎります。肉ダネの上面と底を平らにならすと、仕上がりが美しくなります。

材料　つくりやすい分量

A
- 豚ひき肉 ― 200g
- ベーコン(薄切り／細かく刻む) ― 20g
- ねぎ ― 10cm
- 帆立て貝柱(乾燥)* ― 15g
- 帆立ての戻し汁 ― 大さじ 2
- 干ししいたけ** ― 2 枚
- かたくり粉 ― 大さじ 2
- ごま油 ― 大さじ 1
- しょうが(すりおろす)・塩 ― 各小さじ 1

シューマイの皮 ― 1 袋(30 枚)

＊水 1 と 1/4 カップに半日間つけて戻す。
＊＊水 1 と 1/4 カップに 30 分間つけて戻す。

1　ねぎはみじん切りにする。帆立て貝柱は食べやすくほぐす。干ししいたけはみじん切りにする。

2　ボウルに**A**を入れ、粘りが出て全体がまとまるまでよく練る。

3　2の肉ダネ大さじ 1 杯分をシューマイの皮にのせる。皮で肉ダネをくるむように閉じ、オーブン用の紙を敷いたせいろ(または蒸し器)に並べる。

4　蒸気が上がった鍋に3のせいろをのせてふたをし、中火で 10 分間ほど蒸す。

具材は帆立てのかわりに
むきえびや白身魚、
かにかまぼこを使っても

さけとブロッコリーの塩蒸し煮

ピンク色のさけと、
緑色のブロッコリーのコントラストがきれい！
簡単調理ながら、
秋冬の食卓を華やかに彩るおかずです。

材料　2人分

生ざけ(切り身)ー2切れ
ブロッコリーー1/2コ
塩ー適量

1　さけはペーパータオルで水けを拭き、片面につき塩1つまみずつふる。ブロッコリーは小房に分ける。

2　鍋に水カップ1と1/4を沸かして塩小さじ1弱を入れ、さけとブロッコリーを加える。ふたをして弱火にし、5分間ほど蒸し煮にする。火を止めて粗熱を取り、味を含ませる。

塩バター肉じゃが

いつもとひと味違う、ひき肉を使った肉じゃがです。
バターのコクが加わり、
ちょっとだけ洋風な雰囲気が気に入っています。

材料　2人分

豚ひき肉 ― 200g
たまねぎ ― 1コ
じゃがいも ― 1コ
塩 ― 適量
オリーブ油 ― 小さじ2
バター ― 大さじ1

1　たまねぎは2cm幅のくし形に切る。じゃがいもは一口大に切る。

2　鍋にオリーブ油を中火で熱し、ひき肉を入れ、塩2つまみをふって炒める。肉の色が変わってきたらいったん取り出す。

3　2の鍋にバターを弱めの中火で温め、たまねぎを炒める。塩小さじ1/2、じゃがいもを加え、水カップ3/4を加えて中火で3分煮る。2のひき肉を戻し入れる。

4　水カップ1/2を加えて煮立て、ふたをしてさらに3分間ほど蒸し煮にする。

シンプル素材のポタージュ

調理過程で食材を蒸し煮にする
ポタージュ3品です。
蒸し煮によって素材の風味が
ギュッと濃縮されるので、
シンプルなのに滋味深い
味わいに仕上がります。

たまねぎと
しょうがのポタージュ

大豆のポタージュ

にんじんと
くるみのポタージュ

たまねぎとしょうがのポタージュ

しょうがの風味が
ピリリと効いた、
大人好みのスープです。

材料　2人分

たまねぎ ― 1コ
しょうが ― 1/2かけ
塩 ― 小さじ1
豆乳(無調整) ― カップ1
オリーブ油 ― 小さじ2

1　たまねぎは粗みじん切りする。しょうがはみじん切りにする。
2　厚手の鍋にオリーブ油を弱火で熱し、しょうが、たまねぎを加えてざっと炒める。水カップ1/2、塩を加えてふたをして5分間ほど蒸し煮にする。
3　水カップ1/2を加えてふたをし、中火にして3分間煮る。粗熱を取り、ミキサーでなめらかに攪拌し、鍋に戻す。豆乳を加えて温める。器に盛り、好みでオリーブ油少々(分量外)をかける。

にんじんとくるみのポタージュ

蒸し煮にしたにんじんの
優しい甘みが
口いっぱいに広がります。

材料　2人分

にんじん ― 小2本
たまねぎ ― 1/4コ
くるみ(食塩不使用／
　ローストしたもの) ― 15g
塩 ― 小さじ1
牛乳 ― カップ1
オリーブ油 ― 小さじ2

1　にんじんは乱切りに、たまねぎは粗みじん切りにする。くるみは粗く刻む。
2　厚手の鍋にオリーブ油を中火で熱してたまねぎを炒め、香りがたってきたらにんじんを加え、サッと炒める。水カップ1/2、塩を加えてふたをして5分間蒸し煮にする(**a**)。水カップ1/2を加えてひと煮立ちさせて火を止め、粗熱を取る。
3　ミキサーでなめらかに攪拌し、鍋に戻す。牛乳を加えて弱めの中火で温める。器に盛り、くるみを散らす。

a

蒸し煮にしたにんじんをミサーにかけてポタージュにします。ほかの2品も同様に食材を蒸し煮にして、うまみを閉じ込めます。

大豆のポタージュ

大豆の香ばしさが魅力。
粒感を少し残しても
おいしいです。

材料　2人分

大豆(ドライパック) ― 100g
たまねぎ ― 1コ
しょうが ― 1/2かけ
塩 ― 小さじ1
オリーブ油 ― 小さじ2

1　たまねぎは粗みじん切りにする。しょうがはみじん切りにする。
2　厚手の鍋にオリーブ油小さじ2を中火で熱し、しょうがを炒める。香りがたったらたまねぎを加えてざっと炒め、塩、水カップ1/2を加えてふたをし、中火にして5分間ほど蒸し煮にする。
3　水カップ1と1/2、大豆を加えて3分間ほど煮て、粗熱を取る。ミキサーでなめらかに攪拌する。

レンジ黒豆おこわ

モチモチ、ツヤツヤのおこわは
冷めてもおいしく、お弁当にもぴったり。
電子レンジでお米を蒸す方法なら、いつでも手軽につくれます。
たっぷり入った黒豆のほっくり感とやさしい甘さに癒されます。

a

粗熱が取れるくらいまで置いて蒸らし、ご飯が柔らかくなったら完成！

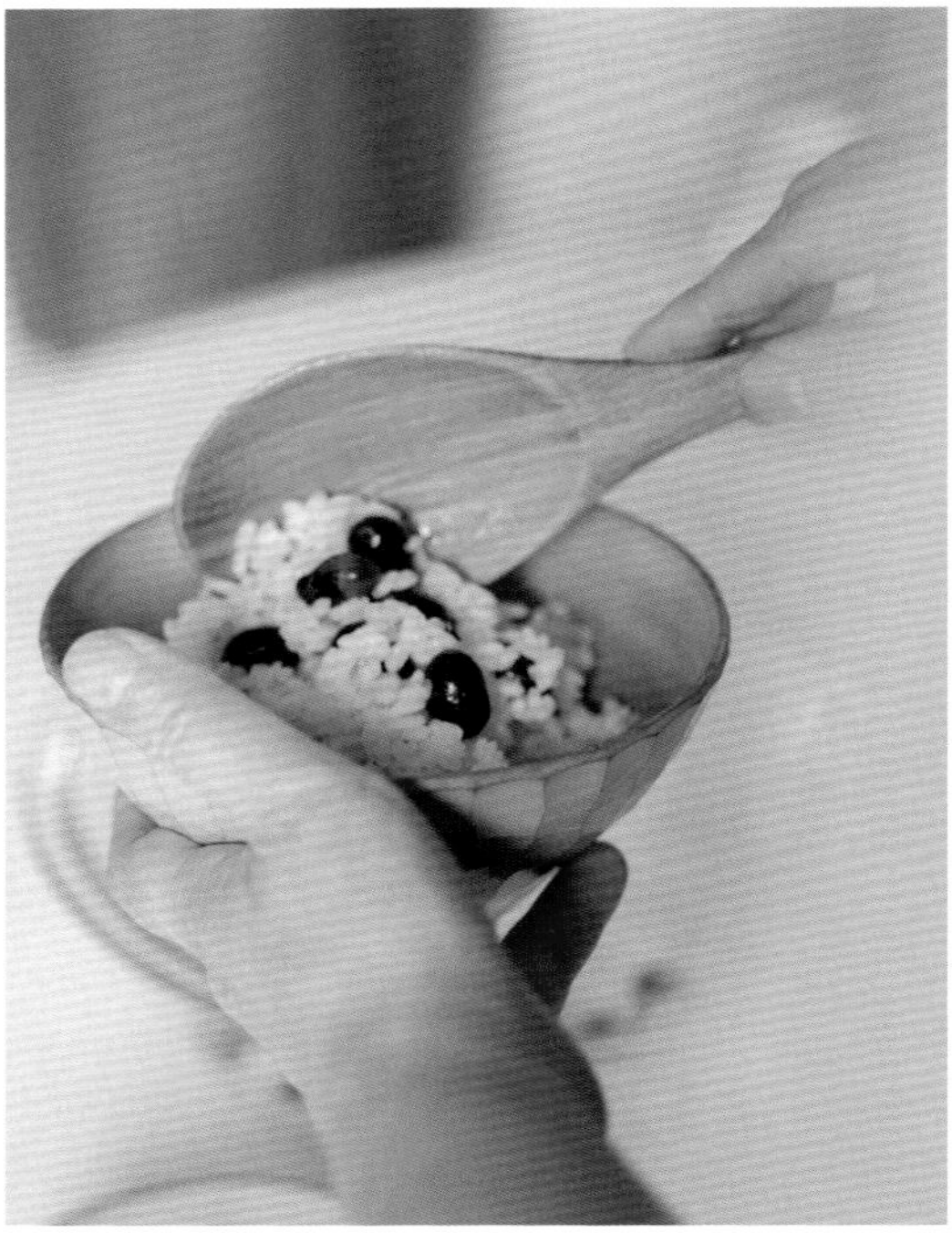

黒豆はドライパックがなければ、水煮でもOK（水けをきります）。お好みで金時豆などに変えても。

材料　2人分

米－1と1/3合（240mℓ）
もち米－2/3合（120mℓ）
黒豆（ドライパック）－65g
酒－大さじ2
塩－小さじ1/2

1　米ともち米は洗って1時間以上浸水させ、ざるに上げて水けをきる。
2　耐熱ボウルに1、酒、塩、水370mℓを入れる。ラップをして、電子レンジ（600W）に10分間かけ、いったん取り出してよく混ぜる。
3　同様に再びレンジに10分間かけたら、黒豆を入れて混ぜ込み、ラップをして5分間ほどそのまま置いて蒸らす（a）。

炊飯器で炊くときは、
普通の水加減でOKです

買い物回数も減らせる
塩ストック術のこと

第1章では〝味の決め手〟としての塩に注目をしましたが、第2章、第3章では、塩の〝保存性〟が大きなテーマとなります。いずれも私は〝塩ストック〟と呼んでいて、日々重宝しています。

まとめ買いができて 買い物頻度が減る

「漬け物」に代表されるように、塩をした食材は保存性が格段にアップします。この塩の力を生かすことで、買ってきた食材の寿命を延ばすことができます。たとえば安売りになっていた1袋5コ入りのなすを塩もみにして、ストックするといった要領です(66ページ参照)。今まで毎日だった買い物を週に1〜2回にして、〝塩ストック〟を活用すれば、捨てる食材もグンと減ります。

常備があれば 忙しい日も安心

ムダを省ける〝塩ストック〟。つくっておくと、心に余裕も生まれます。「急な残業で帰宅が遅れ、スーパーにも寄れなかった」なんて時だって、たとえば豚肉の塩漬け(72ページ参照)があれば、豪華なゆで豚やボルケッタがすぐに作れるのです。時間のある週末などにまとめて準備しておけば、忙しい日を元気に乗り越えられる宝物となるはずです。

味がぶれずに きちんと決まる

塩ストックの長所は保存性だけではありません。塩もみ、塩漬け、塩ゆでなど〝塩をしておく〟ことで、下味がしっかりと入る、というのが重要です。調理過程や仕上げで味を足すよりも、素材自体に塩味を含めておくと、塩の使用量は少なめで済ませることができます。味をまとわせるよりも、しみ込ませること。それを塩ストックが実現してくれます。

塩もみ、塩漬け、塩ゆでなど、塩ストックは食材ごとのベストの方法で。

買い物後、なるべく鮮度を損なわないうちに塩ストックに展開します。

冷蔵庫に塩ストックがあるだけで、「今夜も大丈夫」という安心感があります。

ブロッコリーやカリフラワーを買ったら、小房に分けて、塩水でゆでて、保存容器に入れて冷蔵庫へ。これはもう長く続けているわが家の決まりごとです。

そもそも生産地に近い場所で暮らしたくて、東京郊外へと移り住みました。数多くの農家さんから野菜への情熱をお話し頂く機会も増えるのにつれ、「野菜をおいしく食べる」ことへの使命感は増すばかりです。とはいえ、家庭の胃袋や冷蔵庫事情にはもちろん限界があり、買ってきたそばから食べつくす、とはいきませんよね。

それであれば、「できるだけ鮮度を保つ方法を模索しよう」と思い、塩ストックに至りました。すべての食材を最大限においしく保つこと。そのお手伝いができたら幸せです。

角田家の塩ストック・ルーティン

第2章で紹介する塩もみ・塩漬け、第3章の塩水ゆで野菜、塩水漬けなど。買い物後に食材を〝塩ストック〟にしたら、保存容器に入れて冷蔵庫へ。ガラスの保存容器を選ぶと、中が見えるので使い忘れもありません。

コールスロー＆白菜漬け

2章 P.68～71、P.80～83

白菜漬け

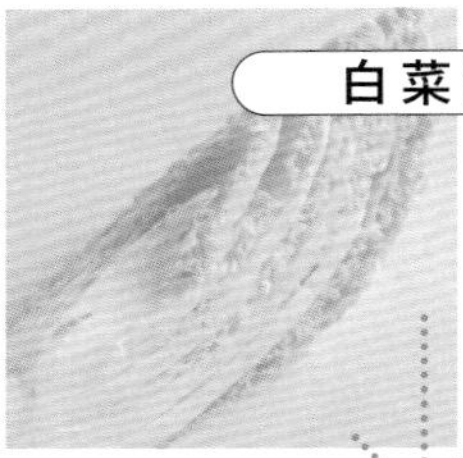

おかずの素にもなる白菜

コールスロー

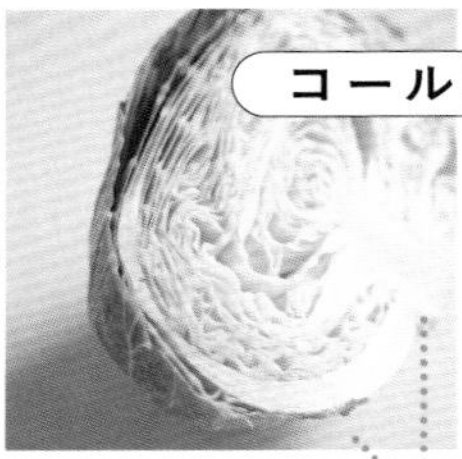

塩もみして常備するキャベツ

春のキャベツは塩もみにしてからコールスローにアレンジし、日々の朝食に。冬の白菜は天日干ししてから塩漬けにして発酵させ、漬物に。どちらも角田家の食卓に欠かすことのできない、ヘビロテアイテム。どんとまとめて買った季節の恵みを余すことなく頂くためのヒントをご紹介します。

塩もみ＆塩漬け　2章　P.56～79

塩漬け

ごちそう感のある塩豚

塩もみ

塩漬け

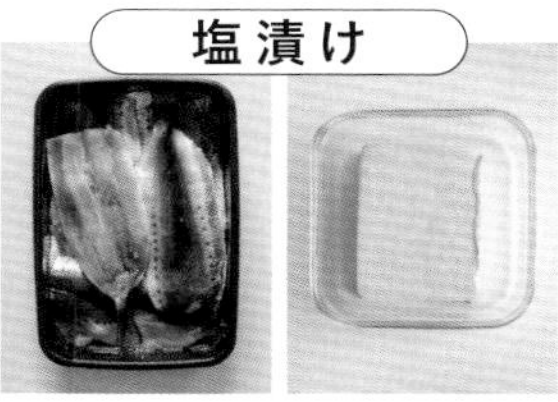

そのまま食べてもよし、さらに調理してもよし。第２章で紹介する塩もみ＆塩漬けがあると、食卓の彩りが豊かになること間違いなし。つけ合わせや副菜がサッとつくれるのがとにかく魅力です。

塩水ゆで＆塩水漬け　3章　P.88～111

塩ゆで、塩水漬けなど、食材にダイレクトに塩をふるのとはまた異なるアプローチ。塩を溶かした水の力で、素材のおいしさと保存性をアップさせる方法を、第３章では提案します。色鮮やかでしっとりおいしい仕上がりは感動ものです。

塩水ゆで

ブロッコリーとカリフラワー

小松菜などの青菜

しめじなどのきのこ

もやし

塩水漬け

卵

まぐろやあさり

鶏肉や豚肉

食材をシャキッとよみがえらせる「塩水ゆで」。食材にしっかりと塩味を行き渡らせる「塩水漬け」。どちらも、塩と水だけでできる調理方法ですが、その奥行きの深さに我ながら驚かされます。またシンプルゆえに飽きが来ないというのも、定番たるゆえんといえます。

2章

塩もみ&塩漬けレシピ

塩でできることはまだまだあります。この章は「塩もみ」と「塩漬け」がテーマ。野菜などの水分を抜く「塩もみ」と、肉や魚介類の保存性を高める「塩漬け」はどちらも古くから実践されてきた、塩の特性を生かした調理法です。この「塩もみ」と「塩漬け」をベースに、さまざまなアレンジもご紹介。繰り返しつくることで、いっそう料理力が身につくと思います。

冷蔵庫にあるだけでワクワクするようなラインナップがずらり。コツをつかんだら、旬の野菜や特売の肉などでアレンジも楽しめます。

P.60 ～ 71

塩もみ

材料に塩をまんべんなくふりかけて手で軽くもみ、水分を出してしんなりさせる調理法です。水分が抜けて、味の含みがよくなります。野菜の重量に対して2%が塩の分量の目安です。

◎塩の目安

野菜の重さ：2％の塩

肉・魚の重さ：2％の塩

P.72 ～ 79

塩漬け

材料の表面に塩をまんべんなくすり込む下処理のこと。腐敗しやすい肉、魚貝類などの雑菌を減らし、長期保存するために古くから活用されています。塩漬けによって熟成され、うまみが引き出されます。

◎塩の目安

野菜の重さ：0.5 ～ 1% の塩

肉・魚の重さ：3％の塩

つくりおきが必須ではないけれど、あると安心。「塩もみ」と「塩漬け」はお守りみたいなものなんです

大根のような大型野菜や、1袋に何本も入っているきゅうりなど、冷蔵庫のスペースを占有しがちな野菜。買ってきて、たとえば半分だけはその日のうちに塩もみに。ホーロー容器などに入れてストックしてみるのはどうでしょうか。

あくまでも、塩もみにして使いきれる量だけ、というのが前提です。塩もみストックを準備することだけで満足して、結局使わなかったら元も子もありません。気楽にできる範囲でトライしてみると、その存在のありがたさをきっと感じるはずです。保存性のよさだけでなく、水分が抜けているので味が決まりやすく、塩が入っているのであとの味つけもラク。酢の物やナムルなど、あと1品欲しいときに手早くつくれてとにかく便利なのです。

塩漬けも同様に、冷蔵庫にあると安心、ということが多いです。そもそも保存食として生まれていますから、「買い物に行けなかった」というときに、ハムやベーコン、ソーセージなどがいかに頼もしい存在か！　言わずもがなですね。自家製の塩漬けについては市販品ほどの保存性はなくとも、遅く帰った日の晩ごはんでも寂しい思いをしないで済んだりします。

また、ブロック肉や魚介類を塩漬けにすることで、生のまま使うのとは違ったおいしさを感じます。クセが抜けてうまみが凝縮されるからでしょうか。ですのでアレンジもしやすくなり、メニューの幅も広がります。

塩漬けの最後に紹介しているアボカドについては、保存性はありませんが、この塩漬けの考え方を応用したバリエーションです。いつものフレッシュなアボカドとの違いを食べ比べて、ぜひ活用してみてください。

塩もみ【1】

大根の塩もみ

ほどよく水分が抜けた大根は、歯切れのいいシャキッとした食感が楽しめます。漬け物感覚でそのまま食べたり、サラダやあえ物などアレンジ自在です。

材料　つくりやすい分量
大根 ― 10㎝（約 300g）
塩 ― 小さじ 1 と 1/3（6g）

1　大根は 8㎜四方、5㎝長さの拍子木切りにする。
2　ボウルに入れて塩をよくあえて、10 分間ほどおき、水けを絞る。

清潔な保存容器に入れ、冷蔵庫で 4 日間保存可能

大根の塩もみを使って

大根と干し柿の甘酢シナモン

フルーティーな干し柿とシナモンの甘い香りがアクセント。

材料　2人分

塩もみ大根（右ページ参照）― 全量の1/2量（100g）
干し柿 ―1/2コ
酢 ― 大さじ1
きび砂糖 ― 小さじ1
シナモンパウダー ― 適量

1　干し柿はヘタと種を除き、細切りにする。
2　ボウルに大根の塩漬け、干し柿、酢、きび砂糖を混ぜ合わせ、シナモンパウダーをふる。

大根とささ身の赤じそ風味

定番のふりかけを使って、さっぱりとした味のあえ物に仕上げます。

材料　2人分

塩もみ大根（右ページ参照）― 全量の1/2量（100g）
鶏ささ身 ―100g
塩 ― 小さじ1
赤じそふりかけ・ごま油 ― 各小さじ1

1　ささ身は塩をまぶす。たっぷりの湯を沸かしてささ身を入れ、すぐに火を止めてふたをして10分間おく。粗熱を取り、手で裂く。
2　ボウルにささ身、塩もみ大根、赤じそふりかけ、ごま油を入れて混ぜ合わせる。

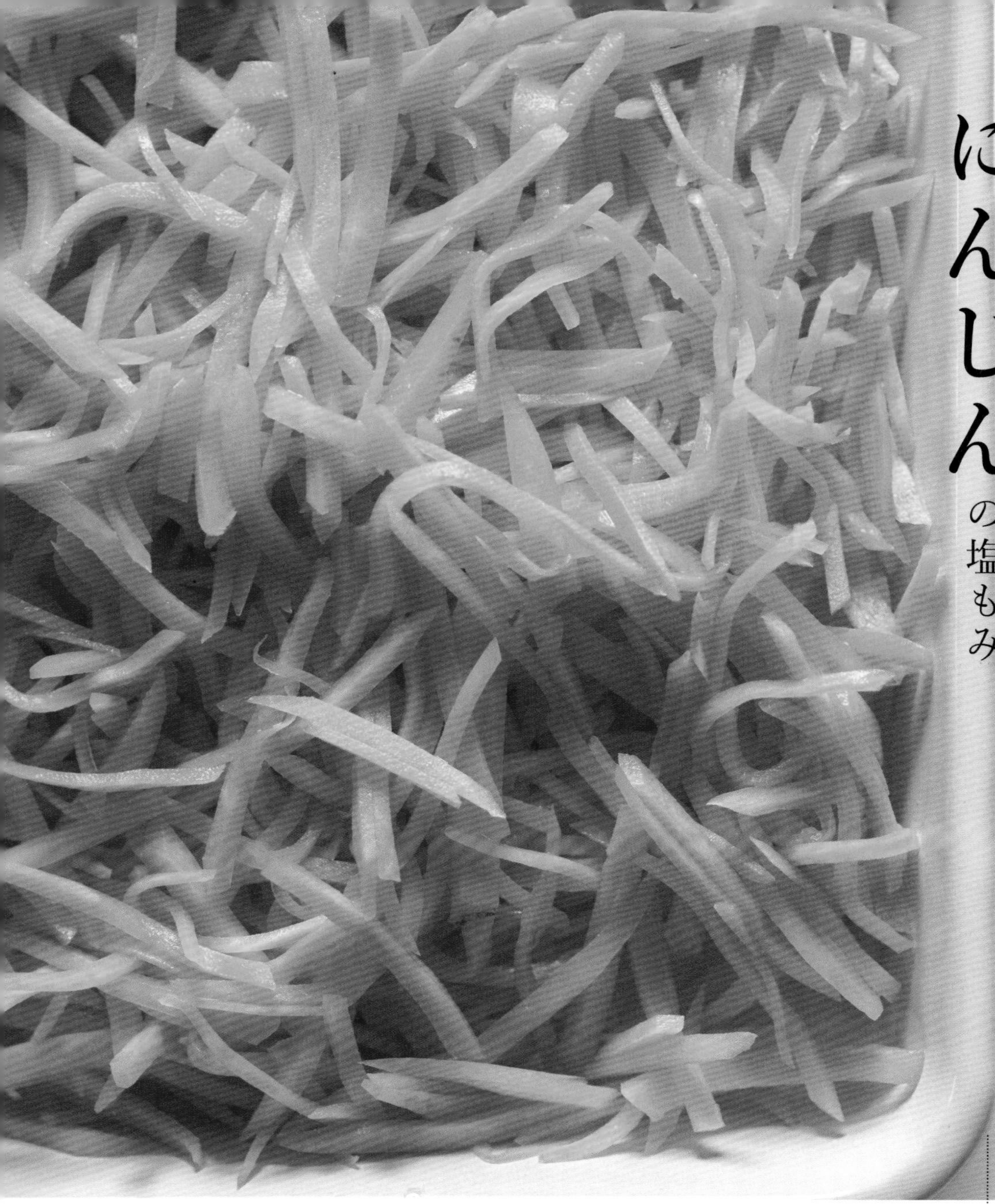

塩もみ【2】

にんじんの塩もみ

にんじんは塩もみすることで
橙色がより美しく鮮やかになり、
甘みも際立ちます。
キャロットラペやマリネ、
チヂミや卵焼きなど
アレンジ自在です。

材料　つくりやすい分量

にんじん ─ 1 本（正味 150g）
塩 ─ 小さじ 1/2 強（3g）

1　にんじんは 5㎝の長さのせん切りにする。
2　ボウルに入れて塩をよくもみ込む。5 分間ほどおき、水けをきる。

清潔な保存容器に入れ、冷蔵庫で 4 日間保存可能

にんじんの塩もみを使って

オレンジキャロットラペ

甘酸っぱいオレンジとにんじんの風味が好相性です。

材料　2人分

にんじんの塩もみ（右ページ参照）― 全量（100g）
オレンジ ― 1/4 コ
オレンジ果汁 ― 大さじ 2
A　オリーブ油 ― 大さじ 1
　　白ワインビネガー ― 大さじ 1/2
黒こしょう（粗びき）― 少々

1　オレンジは薄皮ごと皮をむき、薄皮と果肉の間に包丁を入れながら果肉を取り出す。大きければ一口大にほぐす。

2　ボウルににんじんの塩もみ、オレンジ、A を入れて混ぜ合わせる。器に盛り、黒こしょうをふる。

スペイン風オムレツ

たっぷり入ったにんじんの歯触りが楽しいオープンオムレツ。

材料　2人分

にんじんの塩もみ（右ページ参照）
　― 全量の半量（50g）
じゃがいも ― 1 コ
卵 ― 4 コ
塩 ― 小さじ 1/2
こしょう ― 少々
粉チーズ ― 大さじ 1
オリーブ油 ― 大さじ 1

1　じゃがいもは 5㎝厚さの輪切りにする。耐熱ボウルに入れてふんわりとラップをし、電子レンジ（600W）に 2 〜 3 分間かけ、粗熱を取る。

2　ボウルに卵を溶きほぐし、塩、こしょう、粉チーズ、にんじんの塩もみ、1を加え、混ぜ合わせる。

3　フライパンにオリーブ油を中火で熱し、2を一気に流し入れ、大きくかき混ぜる。端が固まってきたらふたをして弱火にし、下の面がこんがりとするまで 5 分間焼く。

塩もみ【3】

きゅうりの塩もみ

塩でもんだきゅうりは、
水分とともに
青いにおいも抜けるので、
料理にアレンジしやすくなります。
酢の物やポテトサラダのほか、
炒め物などに使っても。

材料　つくりやすい分量

きゅうり ― 2本(350g)
塩 ― 適量

1　きゅうりは両端を切り落とし、まな板に並べて塩適量をふる。軽く押さえながら転がし(板ずり)、小口切りにする。

2　ボウルに入れ、塩小さじ1と1/2をよくもみ込み、5分間ほどおいて水けをきる。

清潔な保存容器に入れ、冷蔵庫で3日間保存可能

きゅうりの塩もみを使って

あじときゅうりのごま酢あえ

香ばしいごまをたっぷり入れた甘酢がさっぱりおいしい！

材料　2人分

きゅうりの塩もみ（右ページ参照）
　ー全量の1/4量（80g）

あじ（刺身用／三枚におろしたもの）ー2匹分

A　酢・しょうゆ ー 各大さじ1と1/2
　　きび砂糖 ー 小さじ2
　　白ごま ー 小さじ1/2

1　あじは小骨を取り除き、一口大に切る。

2　ボウルにAを混ぜ、あじ、きゅうりの塩もみを加えて混ぜ合わせる。

ザーサイきゅうり

サッとつくれるお助けの一品。ポリポリとつい箸が伸びます。

材料　2人分

きゅうりの塩もみ（右ページ参照）
　ー全量の1/3量（100g）

ザーサイ（味つき）ー30g

しょうが（すりおろす）ー1/2かけ分

ごま油 ー 小さじ1

ボウルにきゅうりの塩もみとザーサイを入れる。しょうが、ごま油を加えて混ぜ合わせる。

塩もみ【4】

なすの塩もみ

キュッと噛みしめるほどに
おいしい、なすの塩もみ。
青じそや白ごまと合わせて
ごはんやそうめんにのっけたり、
ナムルやパスタにアレンジしても。

材料　つくりやすい分量

なす ー2本(正味300g)
塩 ー 小さじ1と1/2弱(7g)

1　なすはヘタを除いて縦半分に切り、斜め5㎜厚さの薄切りにする。

2　塩をよくもみ込む。

清潔な保存容器に入れ、冷蔵庫で3日間保存可能

なすの塩もみを使って

なすとチーズのオープンサンド

ちょっとおしゃれな一品。
なすとチーズが
とろけていきます。

材料　2人分

なすの塩もみ（右ページ参照）
　— 全量の 1/6 量（40g）
バゲット（厚さ 1cmに切る／
　または好みのテーブルパン）— 4 枚
モッツアレラチーズ — 60g
バター — 10g
オリーブ油 — 適量
黒こしょう（粗びき）— 少々

1　バゲットはトースターでこんがりと焼いてバターを均等に塗る。モッツアレラチーズは食べやすい大きさにちぎる。

2　[1]のバゲットになすの塩もみ、モッツアレラチーズを均等にのせる。オリーブ油をかけ、黒こしょうをふる。

なすと鶏肉の青じそあえ

青じその爽やかな香りが
鼻を抜ける冷菜は、
おつまみにピッタリ。

材料　2人分

なすの塩もみ（右ページ参照）— 全量の 1/3 量（80g）
鶏もも肉 — 1/3 枚（100g）
A　酒 — 大さじ 2
　　塩 — 小さじ 1
青じそ — 2 枚
ごま油 — 小さじ 1

1　鍋にたっぷりの湯を沸かして**A**を入れ、再び沸いたら鶏肉を入れて 10 分間ゆでる。粗熱を取り、食べやすい大きさに切る。青じそはせん切りにする。

2　ボウルになすの塩もみ、[1]、ごま油を入れ、混ぜ合わせる。

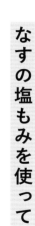

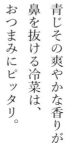

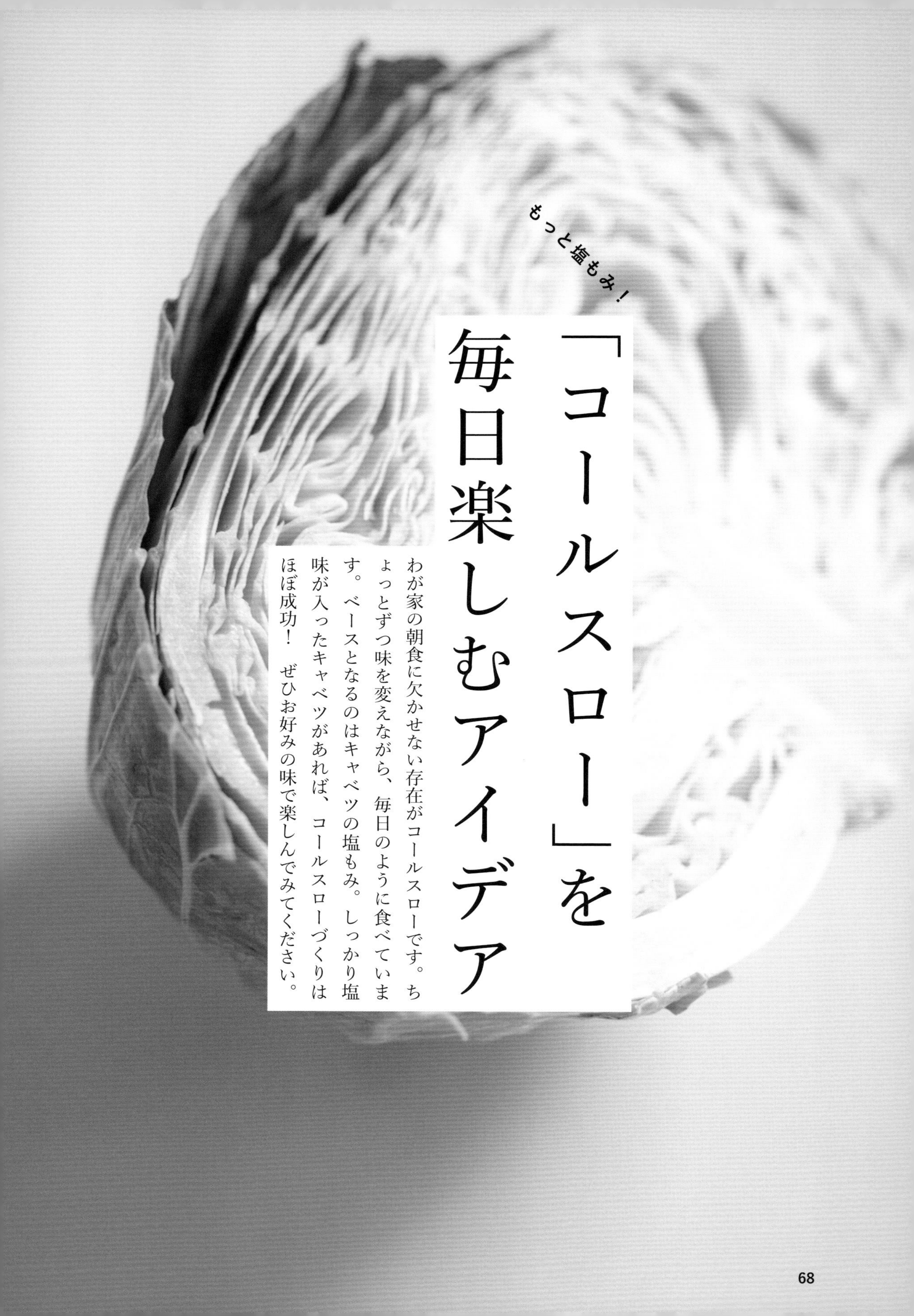

もっと塩もみ！

「コールスロー」を毎日楽しむアイデア

わが家の朝食に欠かせない存在がコールスローです。ちょっとずつ味を変えながら、毎日のように食べています。ベースとなるのはキャベツの塩もみ。しっかり塩味が入ったキャベツがあれば、コールスローづくりはほぼ成功！　ぜひお好みの味で楽しんでみてください。

コールスローに
仕上げる

塩もみ【5】

キャベツの塩もみ

コールスローの土台となる塩もみは、炒め物やあえ物などにも使えます。塩の量はキャベツの総量に対して２％と覚えておきましょう。

材料　つくりやすい分量

キャベツ ― 1/2 コ（800g）
塩 ― 16g

1　キャベツをせん切りにし、ボウルに入れて全体に塩をまぶし、手でしっかりもむ。10 分間ほどおいて水けを絞る。

2　保存容器に入れ、冷蔵庫で一晩おく。

清潔な保存容器に入れ、冷蔵庫で 3 ～ 4 日間保存可能

キャベツの塩もみを使って

基本のコールスロー

私のつくるスタンダードなコールスローは
マヨネーズを使わないさっぱり味です。
このまま食べることも多く、
キャベツの食感と味をシンプルに楽しめます。

材料　つくりやすい分量

キャベツの塩もみ（P.69 参照）
　— 全量（約 600g）

A
- オリーブ油・砂糖　各大さじ 1 と 1/2
- 酢　大さじ 1

キャベツの塩もみの水けをよく絞ってボウルに入れ、Aを加えて混ぜ合わせる。

「基本のコールスロー」に
素材をひとつ加えて味の変化を。

1：マヨネーズ

みなさんがイメージする
コールスローの味になります。
毎日マヨ入りだと飽きが来ますが、
やはり時々恋しくなりますね。

材料とつくり方　2 人分

基本のコールスロー全量の 1/4 量に、マヨネーズ　大さじ 1 を混ぜる。

2：マーマレード

いただき物のジャムが集まるわが家。
パンに塗るよりも
コールスローに加えるのが好きです。
お好みのジャムでも OK です。

材料とつくり方　2 人分

基本のコールスロー全量の 1/4 量に、マーマレード大さじ 1 を混ぜる。

3：グレープフルーツ

甘酸っぱくほろ苦いグレープフルーツで
よりフレッシュな味わいに。
甘夏やレモンなど、
季節のかんきつに変えても OK です。

材料とつくり方　2 人分

基本のコールスロー全量の 1/4 量に、薄皮から取り出してほぐしたグレープフルーツ 1/4 コを混ぜ、黒こしょうをふる。

4：ツナ

たんぱく質を加えると
食べごたえがアップします。
パンにのせたり、挟んだりしても
おいしいですよ。

材料とつくり方　2 人分

基本のコールスロー全量の 1/4 量に、油をきったツナ（油漬け）小 1 缶を混ぜる。

「コールスロー」を
毎日楽しむ
アイデア

1：

2：

3：

4：

塩漬け【1】

豚肉の塩漬け

塊の豚肉に塩をして、冷蔵庫で熟成させることでうまみを引き出します。特売の肉でも上質の味わいとなり、ゆでたり焼いたり、なにかと活躍しますよ。

材料　つくりやすい分量

豚バラ肉（塊）― 500g
塩 ― 大さじ 1（15g）

1　豚肉はペーパータオルで水けを拭き取り、全体にまんべんなく塩をもみ込み、ピッタリとラップで包む。

2　冷蔵庫で 2~3 日おく（1 日 1 回ラップを外して、ペーパータオルで水けを拭き取る）。

清潔な保存容器に入れ、冷蔵庫で 1 週間保存可能

豚肉の塩漬けを使って

ゆで豚

そのままでも、
好みでコチュジャンや
みそなどを添えても。

材料　つくりやすい分量

豚肉の塩漬け（右ページ参照）
　一 全量の 1/2 量（250g）
しょうが（薄切り）一1 かけ分
酒 一 大さじ 3
エンダイブ（または好みの葉野菜）一 適量

1　鍋にたっぷりの湯を沸かし、豚肉の塩漬けを入れて弱火にする。しょうが、酒を加え、煮立ったらアクをとり、中火にして 30 分間ほど煮て火を止め、そのまま冷ます。

2　薄切りにして器に盛り、エンダイブを添える。

ポルケッタ

「豚の丸焼き」を意味する
イタリア料理を手軽に再現。

材料　2 人分

豚肉の塩漬け（右ページ参照）
　一 全量（500g）
にんにく 一 1 かけ
ローズマリー（生）一 6 枝
黒こしょう（粗びき）一 少々
オリーブ油 一 大さじ 2
はちみつ 一 大さじ 2
レモン（くし形に切る）一 適量

1　にんにくはみじん切りにする。ローズマリーは葉を摘んでみじん切りにする。

2　1をボウルに入れ、オリーブ油、はちみつを加えて混ぜ合わせる。

3　豚肉に切り込みを入れて開き、麺棒で叩いて伸ばす。2を全体に薄く塗り、端からクルクルと巻き、黒こしょうをふる。ラップで包んで冷蔵庫で 6 時間ほどおく。

4　160°Cに温めたオーブンで 1 時間ほど焼く。器に盛り、レモンを添える。

塩漬け【2】

いわしの塩漬け

ピカピカのいわしを見つけたら
つい買ってしまいますが、
その日のうちに
食べられないことも。
そんなときは塩漬けの出番！
〝即席アンチョビ〟といった趣です。

材料　つくりやすい分量

いわし ー 6 匹分（420g）
塩 ー 適量
オリーブ油 ー 大さじ 3
レモン汁 ー 大さじ 1

1　三枚におろしたイワシは小骨を取り除き、ペーパータオルで水けを拭き取る。

2　バットに塩小さじ 1 をふっていわしをのせ、さらに塩小さじ 1 をふる。オリーブ油、レモン汁をかけ、ラップをして冷蔵庫で 1 時間以上おく。

清潔な保存容器に入れ、冷蔵庫で 4 日間保存可能

いわしの塩漬けを使って

いわしとキャベツのパスタ

アンチョビ感覚でいわしの塩漬けを使ったシンプルパスタ。

材料　つくりやすい分量

いわしの塩漬け（右ページ参照）
　―6枚分
キャベツ ― 1/8 コ
スパゲッティー ― 180g
塩 ― 大さじ 1 弱（14g）
にんにく（つぶす）― 1 かけ分
赤とうがらし（ちぎる）― 1 本分

1　いわしの塩漬けはザク切りに、キャベツは食べやすい大きさに切る。
2　鍋に水 7 カップを沸かして塩を入れ、スパゲッティーを袋の表示通りにゆでる。
3　フライパンにオリーブ油、にんにく、赤とうがらしを入れて中火に熱し、香りがたってきたら[2]のゆで汁大さじ 2 を加え、[1]を加える。
4　ゆであがったスパゲッティーを[3]に加え、ざっと混ぜて合わせる。

いわしの香味マリネ

紫たまねぎのシャキシャキ感とほろ苦さがいわしとよく合います。

材料　2人分

いわしの塩漬け（右ページ参照）
　―6枚分
紫たまねぎ　1/4 コ
A　レモン汁　大さじ 1
　　オリーブ油　大さじ 1

1　いわしの塩漬けは流水でサッと洗い、ペーパータオルで水けを拭き取り、食べやすい大きさに切る。紫たまねぎは縦に薄切りにし、サッと水にさらしてざるに上げる。
2　ボウルに A を混ぜ合わせ、[1]を加えて混ぜ合わせる。

塩漬け【3】

豆腐の塩漬け

塩漬けにして
程よく水分が抜けた豆腐は
崩れにくくなり、
さまざまな料理にアレンジ自在。
もっちり、むっちりとした食感は
クセになるおいしさです。

材料　つくりやすい分量

豆腐（木綿）ー1丁（350g）
塩 ー 小さじ1（5g）

1　豆腐はペーパータオルで水けを拭き取り、全体にまんべんなく塩をふる。

2　1をペーパータオルで包み、冷蔵庫で一晩おく。

清潔な保存容器に入れ、冷蔵庫で5日間保存可能（豆腐の消費期限内）

豆腐の塩漬けを使って

焼き豆腐

こんがりと香ばしい！
鍋料理などに
さらにアレンジしても。

材料　2人分

豆腐の塩漬け（右ページ参照）－1丁分
オリーブ油 － 大さじ1
酒 － 大さじ2

1　フライパンにオリーブ油を中火に熱し、豆腐の塩漬けを入れ、両面こんがりと焼く。
2　酒を回し入れ、ふたをして1分間ほど蒸し焼きにする。

塩マーボー豆腐

塩漬けにした
豆腐を使うと、
味がぼけずにビシッと
決まります。

材料　2人分

豆腐の塩漬け（右ページ参照）－1/2丁分
合いびき肉 －200g
えのきだけ －1/2袋（90g）
かたくり粉 － 小さじ2
ねぎ（みじん切り）－10㎝分
にんにく（みじん切り）－1かけ分
豆板醤 － 小さじ1
酒 － 大さじ1
塩 － 少々
ごま油 － 大さじ1

1　豆腐の塩漬けは一口大に切る。えのきだけは根元を切り落とし、4㎝長さに切ってほぐす。かたくり粉は倍量の水と混ぜ合わせる（水溶きかたくり粉）。
2　鍋にごま油、ねぎ、にんにくを入れて弱火にかけ、香りがたってきたらひき肉を入れて炒める。肉の色が変わったら豆板醤、酒、水カップ3/4を加え、炒め合わせたらふたをする。
3　弱め中火にして2分間蒸し煮にし、水カップ1/2、豆腐の塩漬けを加える。3分間煮てふたを取り、塩で調味し、1の水溶きかたくり粉を再び混ぜて回し入れ、トロミをつける。

塩漬け【4】

アボカドの塩漬け

塩をして少しおいたアボカドは
ねっとりとうまみが凝縮。
そのままつまんでも、
料理にアレンジしても。
日持ちはしないので、
都度、使い切りましょう。

材料　つくりやすい分量

アボカド ―1 コ
塩 ― 小さじ 1/2

1　アボカドは縦に切り目を入れ、両手でひねって半分にし、種を除く。スプーンで身を取り出し、横8㎜の薄切りにする。

2　バットに並べて両面に均一に塩をふり、3 分間ほどおく。

アボカドの塩漬けを使って

サーモンとアボカドのマリネ

トロリと崩れたアボカドが全体になじんでいい味です。

材料　つくりやすい分量

アボカドの塩漬け（右ページ参照）―1コ分
スモークサーモン（長さを半分に切る）
　―8〜10枚分（100g）
ケイパー ― 小さじ1
レモン汁・オリーブ油 ― 各大さじ1

ボウルにすべての材料を入れ、混ぜ合わせる。

アボカドオムレツ

フワッフワの卵と濃厚なアボカド。間違いなしのコンビです。

材料　2人分

アボカドの塩漬け（右ページ参照）―1/2コ分
卵 ― 4コ
塩 ― 2つまみ
バター ― 10g

1　ボウルに卵を割りほぐし、塩を混ぜる。
2　フライパンにバターを中火で溶かし、1を流し入れる。菜箸でかき混ぜ、端が少し固まってきたら、手前の方にアボカドの塩漬けをのせる。
3　アボカドを包むように卵を手前に折りたたみ、半円形に形を整える。

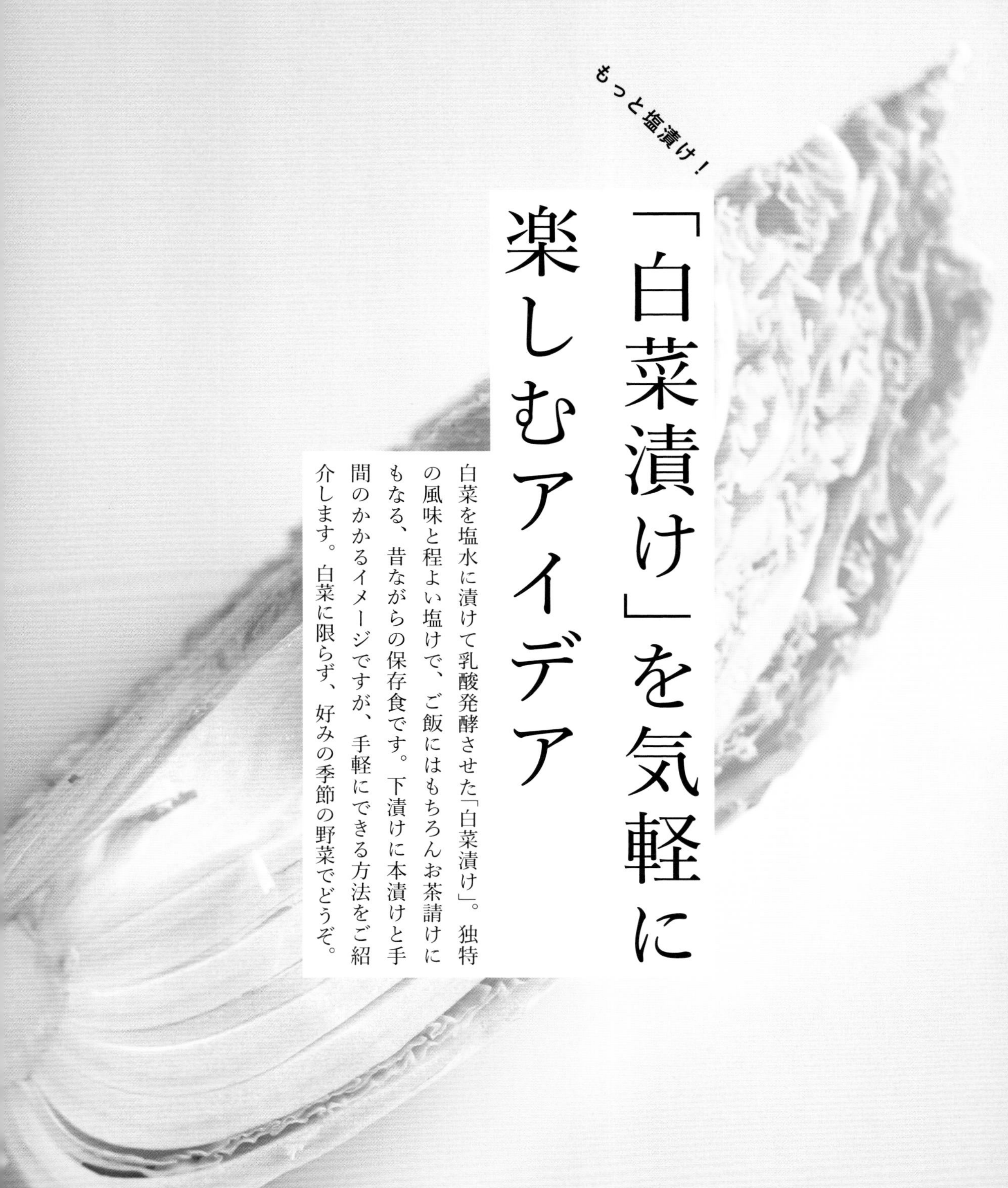

もっと塩漬け！

「白菜漬け」を気軽に楽しむアイデア

白菜を塩水に漬けて乳酸発酵させた「白菜漬け」。独特の風味と程よい塩けで、ご飯にはもちろんお茶請けにもなる、昔ながらの保存食です。下漬けに本漬けと手間のかかるイメージですが、手軽にできる方法をご紹介します。白菜に限らず、好みの季節の野菜でどうぞ。

塩漬け【5】

白菜漬け

下漬け、本漬けと手間のかかる白菜漬けのお手軽版。ちゃんと発酵させているので、おいしさは本格派です。

材料　つくりやすい分量

白菜 ─ 1/4 コ(750g)
塩 ─ 大さじ 1 と 1/2
昆布(5㎝四方) ─ 1 枚
赤とうがらし ─ 1 本分

1

白菜は葉を 1 枚ずつはがしてざるに並べ、6 時間ほど天日で干す。

2

食べやすい大きさに切り、塩をよくもみ込んでジッパーつき保存袋に入れ、細切りにした昆布、種を取った赤とうがらしを加える。

3

バットの上に2の保存袋を置く。その上にさらにバットを乗せ、ペットボトルなどで 1.5 ～ 2kg の重石をのせ、室温に 2 ～ 4 日間おく(季節による)。漬け汁が上がり酸味が出てきたら食べ頃。

清潔な保存容器に入れ、冷蔵庫で 1 週間保存可能

白菜漬けを使って

白菜漬けたっぷりギョーザ

うまみたっぷりの白菜漬けを使えば、
にんにくナシでも
十分おいしく仕上がります。

材料

つくりやすい分量／12コ分

白菜の塩漬け（P.81参照）
　ー全量の1/5量（100g）
にらー1/3ワ
豚ひき肉ー100g
A｜酒・かたくり粉ー各大さじ1
　｜こしょうー少々
ギョーザの皮ー12枚
ごま油ー小さじ1

1　白菜の塩漬けはせん切りにする。にらはみじん切りにする。

2　1、ひき肉をボウルに入れ、Aを加えて練り混ぜる。均等にギョーザの皮で包んでひだをつけて閉じる。

3　フライパンにごま油を強めの中火で熱し、2を並べる。こんがりと焼き色がついたら水カップ3/4を注ぎ、ふたをして4分間蒸し焼きする。

「白菜漬け」を気軽に楽しむアイデア

白菜漬けと手羽元のスープ

ポカポカと芯から温まるおかずスープです。骨つき肉、干しえび、白菜漬けのうまみが溶け合います。

材料　2人分

白菜の塩漬け（P.81参照）
　— 全量の1/5量（100g）
鶏手羽元 — 6本
塩 — 2つまみ
干しえび（刻む）— 大さじ2
昆布（3cm四方）— 1枚
酒 — 大さじ2
ごま油 — 小さじ2

1　手羽元に塩をまぶす。

2　鍋にごま油を弱めの強火で熱し、手羽元をこんがりと焼く。水2カップ、昆布、干しえびを加えて中火にし、5分間ほど煮る。白菜の塩漬けを加えて軽く温め、味を見て塩少々（分量外）をふる。

塩味おかずと好相性！
フルーツサラダでバランスアップ

食後のデザートに
そのまま食べてもおいしいフルーツですが、
塩味おかずのサイドディッシュとして
サラダにすれば、食卓がランクアップ！
ビタミン、ミネラル豊富な
フルーツのサラダで
元気をチャージしましょう。

いちごドレッシングのサラダ

いちごがゴロゴロと入った、甘酸っぱいドレッシングが主役！
ローストビーフやチキンソテーなど、肉料理によく合います。

ドレッシングが主役のサラダ。野菜はレタス類や白菜、春菊などにかえても。

材料　2人分

ルッコラ（または好みの葉野菜）
　― 適量
ブッラータチーズ（または
　モッツアレラチーズ）― 1コ
いちご ― 5～6コ
A
　オリーブ油 ― 大さじ2
　白ワインビネガー ― 大さじ1
　はちみつ ― 小さじ1
　塩・黒こしょう（粗びき）
　　― 各少々

1　ルッコラは食べやすい長さに切り、水けをきる。いちごはヘタを除いて縦4等分に切る。

2　ボウルにAを混ぜ合わせ、いちごを加えてサッと混ぜる。

3　器にルッコラを盛り、チーズをのせる。チーズの中央に切り目を入れて2をかける。

グレープフルーツとセロリの
チコリボートサラダ

ほのかな苦みとさっぱりとしたあと味が
大人好みのサラダです。
えびとアスパラガスの炒め物やから揚げなどの箸休めに。

材料　2人分

セロリの軸 ─ 1本
セロリの葉 ─ 適量
グレープフルーツ ─ 1コ
塩 ─ 2つまみ
A
- 酢 ─ 大さじ1
- オリーブ油 ─ 大さじ1
- はちみつ ─ 小さじ1
- 黒こしょう（粗びき）─ 少々
- 粉山椒 ─ 2つまみ

チコリ（あれば紫）─ 8枚

1　セロリの軸は筋を取って斜め薄切りにし、塩をふってもみ込む。セロリの葉は粗みじん切りにする。グレープフルーツは薄皮をむき、食べやすい大きさにほぐす。

2　Aをボウルに混ぜ合わせ、1を加えてしっかりと混ぜる。

3　器にチコリを並べ、2を均等にのせる。

ぶどうといちじくの白あえ風サラダ

豆腐と練りごまのあえ衣がフルーツを優しく包み込みます。
鶏手羽元と大根の煮物や肉じゃがといった
煮物と一緒にどうぞ。

材料　2人分

マスカット(皮つき)ー7～8コ
ぶどう(赤／皮つき)ー4～5コ
いちじくー2コ
絹ごし豆腐ー100g
A 練りごま(白)ー大さじ1/2
　はちみつー小さじ1

1　豆腐はペーパータオルに包んでざるに上げ、30分間ほどおいて水きりする。すり鉢で**A**をすり混ぜ、豆腐を加えて全体がなめらかになるまで混ぜる。

2　マスカット、ぶどうは縦半分に切る。いちじくは皮をむいて縦4等分に切る。フルーツを[1]に加え、ざっくりと混ぜる。

3章

塩水レシピ

本章のテーマは「塩水」。……ピンと来ない方も多いかもしれません。
でも、〝塩ゆで〟といわれたら、当たり前のように取り入れていませんか？
塩ゆでだって塩水でできる調理方法の１つ。難しいことではないのです。
古くから私たちは無意識に塩水の力を活用してきました。
今改めて意識して取り入れることで、〝料理力〟がアップするはずです。

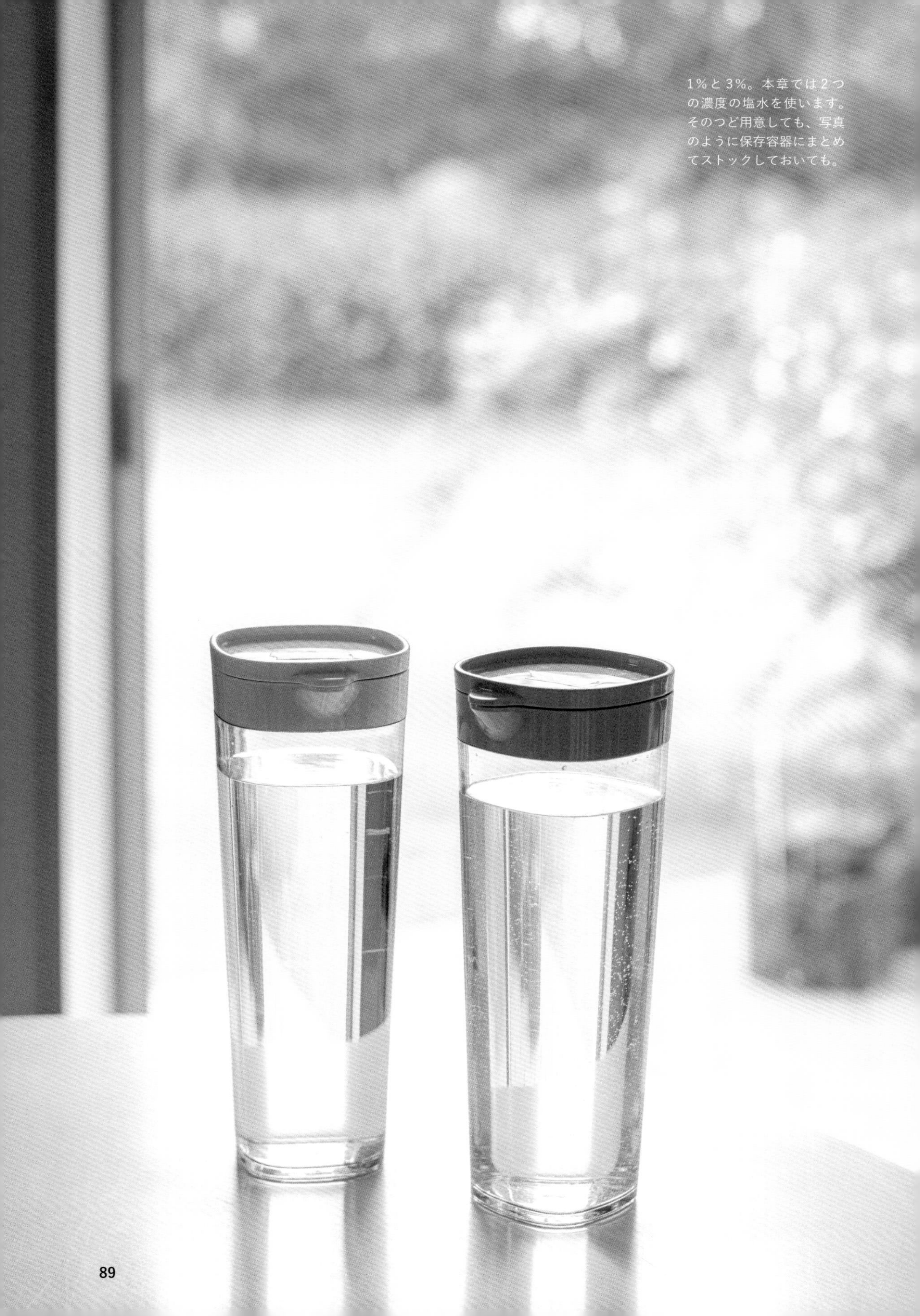

1％と3％。本章では2つの濃度の塩水を使います。そのつど用意しても、写真のように保存容器にまとめてストックしておいても。

〝塩水〟があればできること

食材に直接塩をふる調理法とは別に、塩を溶かした水＝塩水を活用する、という方法も私は日頃から多用しています。その中でも野菜の下ゆでだったり、食材を塩水に漬けてストックするなど、気軽に取り入れやすいアイデアを中心に本章ではお伝えしたいと思います。

「なぜ塩水なのか？」大きなメリットとして、きっちり計量をして用意した塩水を使うと味のブレがなくなる、という点があげられます。たとえば「塩１つまみ」とあっても、毎回きっちり同じ量にはならなかったりします。でも、「カップ１に１％の塩水を混ぜる」とあれば、間違いようがありません。

今回ご紹介するのは水に対する塩の分量が１％のものと３％のもの、２パターン。いずれもすぐに使う場合は、水に塩を加えて攪拌して溶かしてもいいですが、保存瓶に入れて〝水だし〟のようにストックするのであれば、念のため一煮立ちさせるとよいでしょう。保存する場合は冷蔵庫で３日間をメドに使い切ります。

◎１％の塩水

鍋サイズ	塩
500mℓ	小さじ1（5g）
1 ℓ	小さじ2（10g）
2 ℓ	小さじ4（20g）
3 ℓ	大さじ2（30g）
5 ℓ	1/4 カップ（50g）

◎３％の塩水

鍋サイズ	塩
500mℓ	大さじ1（15g）
1 ℓ	大さじ2（30g）
2 ℓ	大さじ4（60g）
3 ℓ	大さじ5（75g）
5 ℓ	大さじ9（135g）

買ってきた野菜を
1％塩水でゆでる！

買い物後、野菜の鮮度はみるみるうちに失われていきます。そこで、塩水で下ゆですることで保存性を高めることができます。また食べやすく切って塩ゆでした野菜を保存容器などに入れて収納することで、冷蔵庫もすっきり！　下ゆでが済んで塩味が入った野菜を使えば、あとの調理もグッと楽になります。(→ P.92)

◎パスタをゆでる際にも。(→ P.102)

買ってきた食材を
3％塩水に漬ける！

鶏肉、ゆで卵など、しょうゆベースのたれに漬けてストックしている方は多いのではないでしょうか。その塩味版ともいえるのが、「3％塩水漬け」の手法です。保存性がアップし、後々の調理がしやすくなるのは同様ですが、しょうゆ、酒、みりんなど調味料を計量する手間がかからず、後の調理の選択肢の幅が大きく広がる、というのがうれしいところ。(→ P.104)

◎シーフードミックスの解凍にも。(→ P.112)

1%の塩水でできること【1】

野菜をゆでる

塩水で根菜などの野菜をゆでると均一に下味がつき、
あとの調理は薄味に仕上げることができます。
また塩の効果で沸点が上昇し、
葉野菜などの変色を防ぐ効果も。
左記のほか、食べやすく切ったれんこん、さやいんげん、
枝豆、アスパラガス、ほうれんそう、小松菜といった
さまざまな野菜にも応用できます。

塩水ゆで野菜の材料とつくり方

ブロッコリー

ブロッコリー 1 コ(300g)は小房に分ける。鍋に水カップ 5 を沸かして塩小さじ 2 を入れ、ブロッコリーを中火で 2 分間ゆで、ざるに上げて粗熱を取る。

清潔な保存容器に入れ、冷蔵庫で 3 ～ 4 日間保存可

カリフラワー

カリフラワー 1 コ(400g)は小房に分ける。鍋に水カップ 5 を沸かして塩小さじ 2 を入れ、カリフラワーを中火で 2 分間ゆで、ざるに上げて粗熱を取る。

清潔な保存容器に入れ、冷蔵庫で 3 ～ 4 日間保存可

チンゲンサイ

鍋に水カップ 5 を沸かして塩小さじ 2 を入れる。中火にしてチンゲンサイ小 3 株(200g)の軸の方を入れて 30 秒間ゆで、葉まで入れてもう 20 秒間ゆで、ざるに上げて粗熱を取る。

清潔な保存容器に入れ、冷蔵庫で 3 日間保存可能

しめじ

しめじ 1 袋(190g)は根元を切り落としてほぐす。鍋に水カップ 5 を沸かして塩小さじ 2 を入れ、しめじを中火で 1 分間ゆで、ざるに上げて粗熱を取る。
＊しめじのほか、好みのきのこでも OK。

清潔な保存容器に入れ、冷蔵庫で 3 日間保存可能

もやし

もやし 1 袋(250g)はあればひげ根を取る。鍋に水カップ 5 を沸かして塩小さじ 2 を入れ、もやしを強火で 30 秒間ゆで、ざるに上げて粗熱を取る。

清潔な保存容器に入れ、冷蔵庫で 2 日間保存可能

ブロッコリーと鶏肉のリボリータ

イタリア・トスカーナ地方の伝統的家庭料理、リボリータ。
湯気が立ち上る具だくさんスープは冬のごちそうです。
ブロッコリーをはじめ、さまざまな野菜と豆、パンを煮込みます。

さまざまな食材の味が溶け合って、メインおかずになるスープです。

材料　2人分

ブロッコリーの塩水ゆで（P.93 参照）
　ー全量の 1/2（150g）
たまねぎ ー1/2 コ
にんじん ー1/2 本
セロリ ー1/2 本
じゃがいも ー2 コ
トマト ー1 コ
バゲット（なるべく固いもの）ー30g
にんにく（つぶす）ー1 かけ分
ひよこ豆（水煮）ー100g
ローリエ ー1 枚
オリーブ油 ー 大さじ 3
塩 ー 小さじ 1/2 〜 1

1　たまねぎ、にんじん、セロリ、じゃがいもは2㎝四方に切る。トマトはザク切りにする。バゲットは一口大に切る。

2　鍋にオリーブ油を中火で温め、にんにくを入れる。香りがたってきたらたまねぎ、にんじん、セロリを加えて炒める。

3　野菜がしんなりとしてきたら水カップ3、ローリエ、じゃがいもを加えて3分間煮る。ブロッコリーの塩水ゆで、ひよこ豆、バケットを加えてさらに3分間煮る。味を見て塩で調える。

カリブロのシンプルサラダ

カリフラワーとブロッコリー。
2色の花蕾が美しい!
シンプル・イズ・ベストな
飽きの来ないサラダです。

材料　2人分

ブロッコリーの塩水ゆで(P.93参照)
　一 全量の1/2弱(120g)
カリフラワーの塩水ゆで(P.93参照)
　一 全量の1/2弱(160g)
オリーブ油 一 大さじ1
レモン汁 一 大さじ1/2

ボウルにオリーブ油とレモン汁を混ぜ合わせる。カリフラワーの塩水ゆで、ブロッコリーの塩水ゆでを加えて全体を混ぜる。

アンチョビ風味の焼きカリフラワー

こんがりと焼いたカリフラワーが香ばしく、
歯触りも抜群。
パンにのせたり、
パスタと絡めてもおいしいですよ。

材料　2人分

カリフラワーの塩水ゆで（P.93参照）
　ー 全量の1/2（200g）
にんにく（つぶす）ー 1かけ分
アンチョビ（フィレ／刻む）ー 3枚（15g）
オリーブ油 ー 小さじ2

1　カリフラワーの塩水ゆでは食べやすい大きさに切る。

2　フライパンにオリーブ油とにんにくを弱火で温める。香りがたってきたらカリフラワー、アンチョビを加えてカリフラワーをこんがりと焼きつける。

チンゲンサイと厚揚げのピリ辛煮

仕上げにトロミをつけたサッと煮は、ピリッと辛みが効いてご飯もビールも進む味です。

材料　2人分

チンゲンサイの塩水ゆで（P.93参照）
　ー 全量の2/3（100g）

厚揚げ ー 1枚（150g）

A
- 酒 ー 大さじ1
- 豆板醤・きび砂糖 ー 各小さじ1
- 塩 ー 小さじ1/2

B
- 水 ー 大さじ1
- かたくり粉 ー 小さじ2

ごま油 ー 小さじ2

1　チンゲンサイの塩水ゆでは根元の堅い部分を切り落として3cm長さに切り、軸の太い部分は1cm幅に切る。厚揚げはペーパータオルに包んで耐熱皿にのせ、ラップはせずに電子レンジ（600W）に1分間かける。粗熱を取り、食べやすい大きさに切る。A、Bはそれぞれ混ぜ合わせる。

2　フライパンにごま油を強めの中火で熱し、厚揚げを炒める。チンゲンサイを加えてサッと混ぜ、水60mℓ、Aを加えてひと煮立ちさせる。再びよく混ぜたBを回し入れてトロミをつける。

チンゲンサイのベーコン炒め

ベーコンの塩けとうまみが効いています。
出来立てのシャキシャキ食感がごちそうです。

材料　2人分

チンゲンサイの塩水ゆで（P.93参照）
　— 全量（150g）
ベーコン（薄切り）— 4枚（75g）
にんにく（薄切り）— 1/2 かけ
オリーブ油 — 小さじ2

1　チンゲンサイの塩水ゆでは根元の堅い部分を切り落として3㎝長さに切り、軸の太い部分は1㎝幅に切る。ベーコンは1.5㎝幅に切る。

2　フライパンにオリーブ油、にんにくを中火で熱し、香りがたってきたらベーコンを加えて炒める。ベーコンが色づいてきたらチンゲンサイを加え、全体を炒め合わせる。

もやしナムル

箸休めにちょうどいい、やさしい味の副菜です。
好みで韓国産の粉とうがらしをふっても。

材料　2人分

もやしの塩水ゆで（P.93参照）ー 全量の2/3（120g）

A
- にんにく・しょうが（ともにすりおろす）ー 各小さじ1/2
- 塩 ー 2つまみ
- ごま油 ー 小さじ2
- 白ごま ー 小さじ1

1　ボウルにA、もやしの塩水ゆでを入れて混ぜ合わせる。

2　器に盛り、白ごま（分量外）適量をふる。

しめじとソーセージのマスタードあえ

粒マスタードのマイルドな辛みと酸味とバターの風味が食欲を刺激。
おつまみにピッタリです。

材料　2人分

しめじの塩水ゆで（P.93 参照）ー 全量の 2/3（120g）
ウインナーソーセージ ー 5 ～ 6 本（100g）
A｜白ワイン・粒マスタード ー 各大さじ 1
バター ー 10g
塩 ー 2 つまみ
パセリ（みじん切り）ー 適量

1　ソーセージは 1㎝厚さの斜め切りにする。

2　フライパンにバターを中火に温め、ソーセージを焼く。しめじを加えて軽く焼き色がつくまで 1 分間ほど焼く。**A** を加えて煮詰めるように火にかけ、味を見て塩で調えてパセリをふる。

1%の塩水でできること【2】

パスタをゆでる

パスタを塩水でゆでるのは塩味をつける目的もありますが、
ソースと絡めたときに、
パスタが水っぽく感じるのを防ぐ効果もあります。
ストックはできないので、その都度用意を。

材料とつくり方　つくりやすい分量

鍋に水1.5ℓを沸かして塩大さじ1を入れ、スパゲッティー（または好みのパスタ）180gを袋の表示通りにゆでる。

あさりとセロリのスパゲッティー

オイルベースのシンプルなパスタだからこそ、〝スパゲッティーの塩ゆで〟が真価を発揮。程よい塩味に、最後まで飽きずに、夢中になって食べ進めてしまいます。

材料　2人分

スパゲッティーの塩ゆで（右ページ参照）― 全量（430g）
あさり（砂抜きしたもの）―14コ（120～140g）
セロリの軸 ―1/2本
ミニトマト ―4コ
A
- にんにく（つぶす）―1かけ分
- 赤とうがらし ―1本
- 白ワイン ― 大さじ2
- オリーブ油 ― 大さじ1
- 塩 ―2つまみ

バター ―15g

1　セロリは筋を取り、斜め5㎜幅の薄切りにする。ミニトマトはヘタを取り、縦に4等分に切る。

2　フライパンに**A**を入れて弱火にかける。にんにくの香りがたってきたら、あさりとセロリを加え、ふたをして弱めの中火で蒸し煮にする。

3　あさりの口が開いたら、スパゲッティーの塩ゆで、バターを加えてよく混ぜる。

3%の塩水でできること【1】

食材を漬ける

塩分濃度がより高い3%の塩水を使えば、
保存性がより高まるため、肉や魚にも活用できます。
その肉や魚は塩水に漬けることで
気になるクセやにおいが抜けて身が締まり、
〝熟成〟したようなうまみが凝縮した状態となります。
ゆで卵やゆでたじゃがいもなども塩水に漬けておくと、
つけ合わせやお弁当などに
サッと活用できるのでおすすめです。

塩水漬け食材の材料とつくり方

鶏肉

水カップ2と1/2を沸かして塩大さじ1を溶かし、粗熱を取る(3%塩水)。ジッパーつき保存袋に鶏もも肉2枚(500〜600g)を入れ、3%塩水を注ぐ。

清潔な保存容器に入れ、冷蔵庫で3日間保存可能

まぐろ

水カップ1と1/2を沸かして塩小さじ2弱を溶かし、粗熱を取る(3%塩水)。ジッパーつき保存袋にまぐろ(刺し身用/さく)2枚(400g)を入れ、3%塩水を注ぐ。

清潔な保存容器に入れ、冷蔵庫で3日間保存可能

ゆで卵

水カップ2と1/2を沸かして塩大さじ1を溶かし、粗熱を取る(3%塩水)。ジッパーつき保存袋にゆで卵6コを入れ、3%塩水を注ぐ。

清潔な保存容器に入れ、冷蔵庫で5日間保存可能

Column

1時間漬ければ魚の鮮度にも期待

生活スタイルの変化した今、新鮮さが命の魚も購入してすぐに調理する事ができない方も多いと思います。さけやめかじきなどの切り身魚も、3%の塩水に1時間ほど漬けてから取り出す事で鮮度を長持ちさせる効果が期待できます。

ゆで鶏

鶏肉の塩水漬けは同じく3％の塩水で煮て、
塩味を一定に保ちます。
ゆで鶏は身をほぐして
サラダやそうめんなどにアレンジしても。

材料　2人分

鶏肉の塩水漬け（P.105 参照）
　—1枚分（250～300g）
塩 — 大さじ1
A
- 酒 — 大さじ3
- しょうが（薄切り）
　— 1かけ分
- ねぎ（青い部分）— 1本分

レタス（食べやすくちぎって
　サッとゆでる）— 適宜

1　鍋に水カップ2と1/2、塩を入れて沸かす。沸騰したら中火にし、鶏肉、Aを入れて20分間ほどゆでる。

2　火を止めてそのまま冷まし、粗熱を取る。食べやすく切って器に盛り、好みでレタスを添える。

鶏の塩から揚げ

サクサクの衣にかぶりつけば、
ジュワ〜ッとあふれる肉汁！
塩水に漬けた鶏肉はしっとりと柔らかく、
何個でも食べられそう。

材料　2人分

鶏肉の塩水漬け（P.105参照）
　―1枚分（250〜300g）
A
- 溶き卵―1コ分
- しょうが（すりおろす）
　―1/2かけ分
- 酒・レモン汁―各大さじ1

かたくり粉―適量
揚げ油―適量
ベビーリーフ―適宜

1　鶏肉の塩水漬けは食べやすい大きさに切り、Aと混ぜ合わせ、かたくり粉をまぶす。

2　180℃の揚げ油で1〜2度返しながら6分間ほどカラリと揚げる。器に盛り、好みでベビーリーフを添える。

まぐろの塩漬け丼

うまみがギュッと詰まった
まぐろの塩水漬けのおいしさを
シンプルに味わえます。
好みでわさびや白ごまを添えても。

材料　2人分

まぐろの塩水漬け（P.105参照）
　ー 全量の2/3（200g）
ご飯 ー 茶碗1杯分
刻みのり ー 適量
青じそ（せん切り） ー 適量

1　まぐろの塩水漬けは長さを1cm幅に切る。

2　器にご飯を盛って刻みのりを散らす。1、青じそをのせる。

自家製ツナのサンドイッチ

まぐろの塩水漬けをオイルで煮た、
自家製ツナは絶品。
市販のツナのかわりに使えば、
いつもの料理がワンランクアップします。

材料　2人分

食パン（サンドイッチ用）― 4枚

A
- まぐろの塩水漬け（P.105参照）― 全量の2/3（200g）
- オリーブ油 ― カップ1
- にんにく（薄切り）― 1かけ
- ローリエ ― 2枚
- クミンシード ― 適量

たまねぎ（みじん切り）― 大さじ4

塩 ― 2つまみ

マスタード ― 小さじ1

マヨネーズ ― 大さじ1

ルッコラ（または好みの葉野菜）― 適量

1　自家製ツナをつくる。鍋にAを入れて中火にかけ、フツフツとしてきたらごく弱火にし、6分間温める。上下を返してさらに6分間温めて火を止め、粗熱を取る（オイル液に漬けた状態で1週間保存可能）。

2　たまねぎに塩1つまみをまぶし、5分間おいて水けを絞り、食べやすくほぐした[1]、マスタード、マヨネーズとあえる。

3　食パンにルッコラと[2]を挟み、3等分に切る。

えびとブロッコリーとたまごのサラダ

コース料理の前菜のようなサラダの味の要は、ゆで卵の塩水漬け！
華やかなごちそうサラダです。
ブロッコリーは塩水ゆでを使っても。

材料　2人分

- ゆで卵の塩水漬け（P.105参照）—1コ
- ブロッコリー（小房に分ける）—1/2コ分
- むきえび—6コ
- 塩—小さじ2（10g）
- A
  - オリーブ油—大さじ1
  - 白ワインビネガー—大さじ1/2
  - フレンチマスタード—小さじ1/2
  - 塩—小さじ1/3
- 黒オリーブ（種なし／輪切り）—4コ分

1　ゆで卵の塩水漬けは食べやすい大きさにちぎる。

2　鍋に水1ℓを沸かして塩を溶かして強火にし、ブロッコリーを1分間ゆでてざるに上げる。同じ鍋の湯にえびを入れてすぐに火を止め、2分間おいてざるに上げる。

3　ボウルにAを混ぜ合わせ、1、2のえび、ブロッコリー、オリーブを加えてざっと混ぜる。

キーマカレーの塩卵のせ

愛嬌抜群の見た目に
大人も子どももテンションアップ！
キーマカレーに限らず、
カレーに添えればグンと華やかに。

材料　2人分

合いびき肉 ― 300g
たまねぎ（粗みじん切り）― 1コ分
トマト（1cmの角切り）― 2コ分
ピーマン（粗みじん切り）― 1コ分
にんにく・しょうが（ともに
　みじん切り）― 各1かけ分
塩 ― 小さじ1
カレー粉 ― 大さじ2
サラダ油 ― 大さじ1
ご飯 ― 適量
ゆで卵の塩水漬け（P.105参照／
　縦半分に切る）―2コ分

1　鍋にサラダ油を中火で熱し、にんにく、しょうがを炒める。香りがたってきたらたまねぎをしんなりと炒め、ひき肉を加えて2分間ほど炒める。カレー粉を加えてなじんだら塩、トマト、ピーマンを加えてサッと炒める。

2　器にご飯を盛って2をかけ、ゆで卵の塩水漬けをのせる。

3%の塩水でできること【2】

シーフードミックスを戻す

海水の塩分濃度はおおよそ3.4%といわれており、この3%塩水はかなり近い塩分濃度。そのため、海の幸である冷凍のシーフードミックスなどを浸すとおいしさを損ねずに解凍できます。

材料とつくり方　つくりやすい分量

水カップ2と1/2を沸かして塩大さじ1を溶かし、粗熱を取る(3%塩水)。塩水をボウルに入れ、シーフードミックス1袋(600g)を加えて解凍する。

海鮮塩焼きそば

塩水で戻したシーフードミックスを使えば、
冷凍を使ってもベチャッとせず、
本格的なおいしさに！

材料　2人分

シーフードミックス
（塩水でもどしたもの／右ページ参照）
ー全量の1/3（200g）
ねぎ（5㎜幅の斜め切り）ー1本分
中華蒸し麺ー2袋（300g）
A　水ー80㎖
　酒ー大さじ2
　レモン汁ー大さじ1
　塩ー小さじ1/2
ごま油ー大さじ1

1　フライパンにごま油を強火で熱し、シーフードミックス、ねぎを炒める。

2　中華蒸し麺をほぐして加え、シーフードミックスから出る水分を吸わせるように、炒める。**A**を加えて全体に絡め、汁けがなくなるまで炒め合わせる。

甘辛ミックス！

塩スイーツでティータイム

甘いお菓子に
ほんの少し塩を加えると、
塩味と甘味のコントラストが
くっきりとして、
一段上のおいしさに！
家庭のおやつとして
気張らずに作れる、
とっておきのレパートリーを
ご紹介します。

塩プリン

家庭のおやつの大定番、焼きプリン。ほろ苦甘いカラメルソースにほんの少しの塩をプラスすると、大人好みの上品なデザートとなります。

材料　耐熱カップ 2 ～ 3 コ分

牛乳 ― カップ 2 と 1/2
卵 ― 5 コ
卵黄 ― 1 コ分
きび砂糖 ― 80g
A きび砂糖 ― 大さじ 4
　塩 ― 小さじ 1/2
塩 ― 適宜

下準備

◎オーブンは 160°Cに温めておく。

1　鍋に牛乳を入れ、沸かさないように人肌程度に温める。

2　ボウルに卵を割りほぐし、卵黄ときび砂糖を加えて泡立て器ですり混ぜる。1を少しづつ加えながら泡立てないように混ぜ、こし器（または目の細かいざる）でこして耐熱カップに注ぐ。

3　天板に2を並べ、耐熱カップの深さ 1/2 くらいまで、沸かした湯を注ぐ。オーブンで 40 ～ 50 分間蒸し焼きにし、室温で粗熱を取り、冷蔵庫で一晩おく。

4　塩カラメルをつくる。小さめの鍋にAのきび砂糖を入れて中火で熱し、全体がこんがりと色づいてきたら火を止めてAの塩、水大さじ 2 を加える。再び中火にかけ、沸騰したら大さじ 1 と 1/2 の熱湯を加え、こし器（または目の細かいざる）でこす。

5　3に4をかけ、好みで塩少々をふる。

最後に塩少々をのせると、プリンの甘みがいっそう引き立ちます。

ソルティスノーボール

ホロホロとした口どけがよい、優しい味わいのクッキー。
生地の塩味と、雪のようにたっぷりまぶした粉砂糖との
バランスがよく、食べ飽きません。

材料　20コ分

A
- 薄力粉 — 120g
- バター（塩分不使用）— 70g
- アーモンドパウダー — 60g
- きび砂糖 — 50g
- 塩 — 小さじ1/2

くるみ（ローストしたもの／粗く刻む）— 40g
粉砂糖 — 適量

下準備

◎オーブンは180℃に温めておく。
天板にオーブンペーパーを敷く。

1　Aをフードプロセッサーにかけ、なめらかになるまで混ぜる。ボウルにあけてくるみを混ぜる。

2　生地を一口大ずつ丸めて天板に並べ、オーブンで12分間ほど焼く。粗熱を取り、粉砂糖をふりかける。

塩スコーン

ザクっとした生地の素朴な風合いとほのかな塩味が絶妙。
お好みでクロテッドクリームやジャムを添えても。

材料　8コ分

無塩バター ― 60g
A
- 薄力粉 ― 200g
- 全粒粉 ― 20g
- きび砂糖 ― 大さじ2
- 塩 ― 小さじ1/2
- ベーキングパウダー ― 大さじ1

卵 ― 1コ
牛乳 ― 大さじ1

下準備

◎バターはあずき大くらいに切り、冷蔵庫で冷やしておく。
◎オーブンは220℃に温めておく。天板にオーブンペーパーを敷く。

1　Aをフードプロセッサーにかけて混ぜる。バターを加え、サラサラになったらボウルにあける。
2　卵と牛乳を混ぜ合わせ、1に加え、全体をなじませるように手で混ぜる。生地を折りたたむようにしながら、なめらかにまとめる。
3　台にのせて10㎝×12㎝くらいの長方形にのばし、8等分の三角形に切る。刷毛で上面に牛乳少々（分量外）をぬる。天板に並べ、オーブンで12分間ほど焼く。

4章

香り塩レシピ

ハーブやフルーツなどの香りを移した「フレーバーソルト」。さまざまな市販品を買うこともできますが、意外と簡単に手づくりできます。昆布塩、柚子塩といった和風のもの。ミックスハーブ塩、赤ワイン塩など、洋風メニューと相性のいいもの。カレー塩やコリアンダー塩など、エスニックな趣のものなど。使い方のアイデアとともにご紹介します。

写真は赤ワイン塩（P.129）の調理過程。ワインと塩をじっくり煮詰めていく、その時間もまた楽しいんです。

【8つのフレーバー塩】

今日はどの味？
なんの料理に
ふってみますか？

柚子塩 ▷ P.124

昆布塩 ▷ P122

ミックスハーブ塩 ▷ P.123

山椒塩 ▷ P.125

天ぷら料理店でも供される「山椒塩」、
和食にピッタリな「昆布塩」といった
スタンダードなフレーバーのほか、
「コリアンダー塩」、
「赤ワイン塩」など個性派も。
塩の愉しみは無限大に広がります。

カレー塩 ▷ P.126

コリアンダー塩 ▷ P.128

赤ワイン塩 ▷ P.129

えび塩 ▷ P.127

昆布塩

和風だしのような風味のある塩は
多彩な料理に活躍。
いつもの和食の調味に使うと、
マイルドな仕上がりに。

材料　つくりやすい分量
昆布(3cm四方)ー1枚
塩ー大さじ3

昆布と塩を粉末状になるまでミルサーにかける。

サクサクの揚げ物と
昆布の風味が相性抜群！

白身魚のフリット

たら(切り身) 1切れに塩少々をふって1分間ほどおいて水けを拭き取る。小麦粉をまぶして、炭酸水カップ1/2、小麦粉80gを混ぜ合わせた衣にくぐらせる。180°Cの揚げ油で5分間ほど揚げ、昆布塩少々をふる。市販の魚のフリットや天ぷらにふっても。

シンプルゆえに、
昆布のうまみを実感します。

昆布塩むすび

おにぎりを握るときの手塩を昆布塩少々にする。

ミックスハーブ塩

爽やかな香りが鼻を抜けていく
自家製のハーブ塩。
好みのドライハーブに変更して
楽しむのもおすすめです。

材料　つくりやすい分量
塩 ― 大さじ3
ローズマリー・ディル・
　パセリ（すべて乾）― 各小さじ1

すべての材料を混ぜ合わせる。

ズッキーニやなすなど
好みの野菜に変えても。

パプリカのグリル

パプリカ（黄・赤）各1/2コはヘタと種を除き、縦に2㎝幅に切る。フライパンに入れ、中火で全体をこんがりと焼き、オリーブ油小さじ1をかけ、ハーブ塩適量をふる。

シンプルな魚のソテーが
ハーブ塩ひとつで華やぎます。

サーモンソテー

生ざけ（切り身）2切れは水けを拭き取り、ハーブ塩小さじ1弱、こしょう少々をふる。フライパンにバター15gを中火で温めてさけを両面こんがりと焼く。白ワイン大さじ2をふり、ふたをして1分間蒸し焼きにし、ふたを取って汁けがなくなるまで煮詰める。

柚子塩

柑橘の甘酸っぱい香りが
ほんのりと口に広がります。
レモンやすだち、かぼすなど
季節のかんきつに変えても。

材料　つくりやすい分量

塩 ― 大さじ3
柚子の皮(フリーズドライ／
　刻んだもの)* ― 小さじ1
＊または半日間天日干ししたものを刻む。

塩と柚子の皮を混ぜ合わせる。

ゆずの風味がほのかに香る、
爽やかな一品。

にんじんのマリネ

にんじん1本はせん切りにし、ゆず塩少々をふってよくもむ。5分間ほどおいて水けを絞り、オリーブ油小さじ2を加えてよく混ぜる。

七味とうがらしよりも
さっぱりと食べられます。

焼き鳥

フライパンにごま油少々を弱めの中火で熱し、焼き鳥(市販)適量をこんがりと温める。器に盛り、柚子塩少々を添える。

山椒塩

華やかな香りと
ピリリとした辛みのある山椒が
料理の味を引き締めます。
粉山椒でつくるお手軽版です。

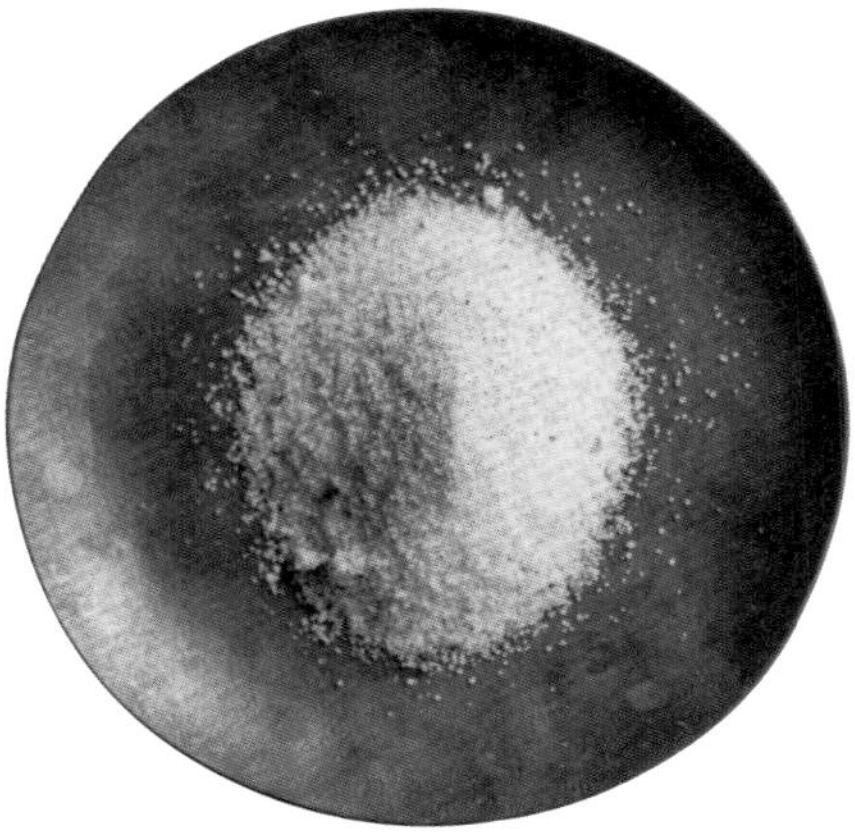

材料　つくりやすい分量
塩 ― 大さじ３
粉山椒 ― 大さじ１

塩と粉山椒をよく混ぜ合わせる。

香ばしいホクホクのお芋と、
意外なほどよく合います。

焼き芋

焼き芋(市販) １本を半分に切って器に盛り、山椒塩少々をふる。

甘くマイルドなアイスが
ピリッと引き締まります。

チョコアイス

器にチョコレートアイス適量を盛り、山椒塩少々をふる。

カレー塩

みんな大好きなカレーの香りが
食欲をそそります。
にんにく、しょうがも加えて
味に奥行きを出します。

材料　つくりやすい分量
塩 ― 大さじ３
カレー粉 ― 大さじ１
にんにく・しょうが（ともにパウダー）
　― 各小さじ1/3

すべての材料を混ぜ合わせる。

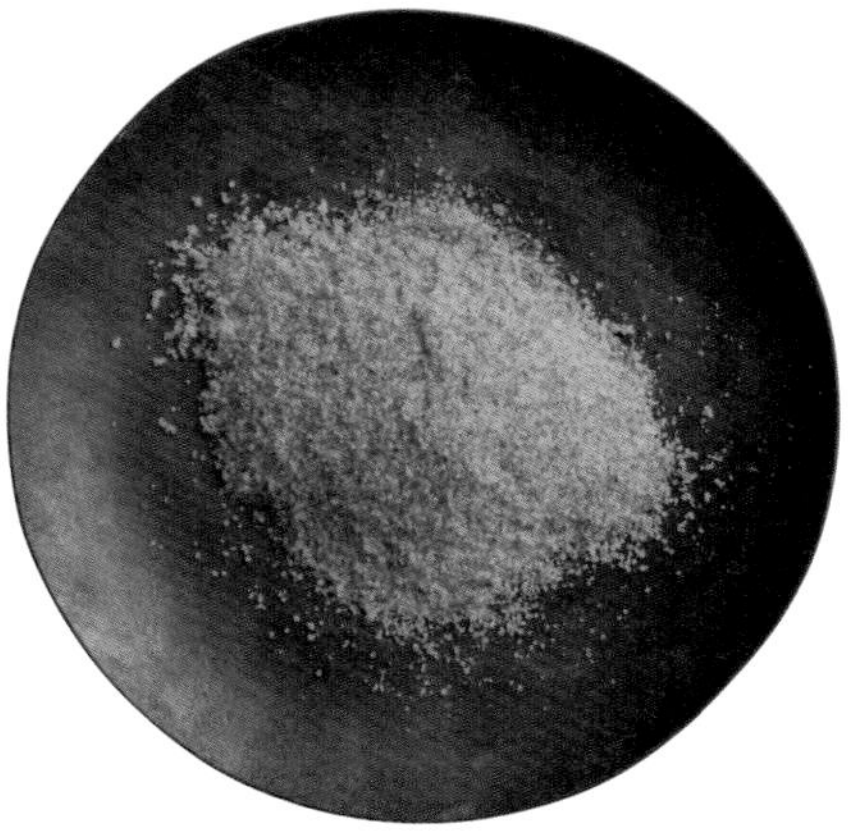

いつものタレと異なる
エスニックな雰囲気が新鮮！

納豆

器に納豆１パック分を入れてよく混ぜ、カレー塩少々をふる。

朝食にぴったり。
カレー塩の香りにお腹が鳴りますよ。

チーズトースト

食パン１枚にスライスチーズ１枚をのせ、トースターでこんがりと焼き、カレー塩少々をふる。

えび塩

香ばしいえびの香りがふわりと漂います。魚貝の蒸し煮やパスタ、中華料理の炒め物などにも。

材料　つくりやすい分量

塩 ― 大さじ 3
干しえび(または桜えび〈乾〉)
　―5g
しょうが(パウダー)―1 つまみ

干しえびを粉末状になるまでミルサーにかける(またはすり鉢で細かくすりつぶす)。塩、しょうがと混ぜ合わせる。

えびのうまみ、香ばしさがクセになります。

焼き餅

切り餅 2 コはトースターなどでこんがりと焼き、えび塩少々をまぶす。

冷凍のポテトを使ってもOK です。

フライドポテト

じゃがいも 1 コはよく洗い、皮つきのまま 2㎝幅のくし形切りにして水けを拭き取る。180°Cの揚げ油で 5 分間ほどカラリと揚げ、えび塩適量をまぶす。

コリアンダー塩

パクチー、香菜(シャンツァイ)とも呼ばれる
コリアンダー。
カレースパイスとしても
おなじみの香りがクセになります。

材料　つくりやすい分量

塩 ― 大さじ3
コリアンダー（乾燥）― 大さじ1

塩とコリアンダーを混ぜ合わせる。

好みで市販の総菜に
ほんの少しふっても。

チャプチェ

牛切り落とし肉120g、しょうゆ・みりん各大さじ1、にんにく(すりおろす)小さじ1/2は混ぜ合わせる。フライパンにごま油小さじ2を中火で熱し、たまねぎ(薄切り)1/2コ分、にんじん(せん切り)1/4本分を炒め、牛肉も加えて火を通す。春雨(熱湯で5分間ゆで、食べやすい長さに切る)60g、しょうゆ・みりん各大さじ1を加えて汁けがなくなるまで炒り煮にする。コリアンダー塩少々で味を調える。

揚げ焼きにした目玉焼きに
爽やかさをプラス。

フライドエッグ

フライパンにサラダ油大さじ1を中火で熱し、卵1コを割り入れてこんがりと揚げ焼きにし、コリアンダー塩少々をかける。

赤ワイン塩

塩とワインをコトコト煮詰めて風味を移します。
同様に白ワイン塩もつくれます。
風味の違いを試してみても。

材料　つくりやすい分量
塩 ― 大さじ 4
赤ワイン ― カップ 1/2

フライパンに塩と赤ワインを入れて弱めの中火にかける。こげないようにときどき木べらで混ぜ、水分が蒸発してサラサラになるまで煮る。

赤色と緑色の
コントラストが映えます！

枝豆

熱湯で 5 分間ゆでた枝豆適量に、器にワイン塩少々をふる。

ワインの風味で
大人っぽい味わいに。

バスク風チーズケーキ

バスク風チーズケーキ（またはベイクドチーズケーキ）1 切れ、にワイン塩少々をふる。

塩料理が主役の 献立のヒント

本書で紹介した
さまざまな〝塩料理〟には、
主菜に副菜、
ご飯や麺などといった主食、
スイーツまで含まれます。
これらを日々の献立に、
どのように
取り入れていくといいか。
ここではちょっとした
献立のコツに
触れたいと思います。

「今夜のおかずはどうしよう？」自分のため、家族のため、毎日献立を考えるのは大切ですが、ともすればストレスにも。そんなときは豚のしょうが焼きや鶏のから揚げといった、なじみのあるメニューで回してみてください。肩の力がスッと抜けるはずです。本書ではそんな定番おかずをよりシンプルに仕上げた「塩味バージョン」のレシピを多数紹介しています。さまざまな調味料を駆使しなくても十分においしいのですから、本当にラクな気持ちで作ることができるはずです。

　主菜が決まったあとは、塩ストックの出番。塩もみや塩水ゆでなどと、季節の野菜を合わせたりして副菜を用意します。ときにはフルーツサラダを添えたりと、酸味や甘みのバランスも整えつつ。無理なくできる範囲で続けることが大切です。

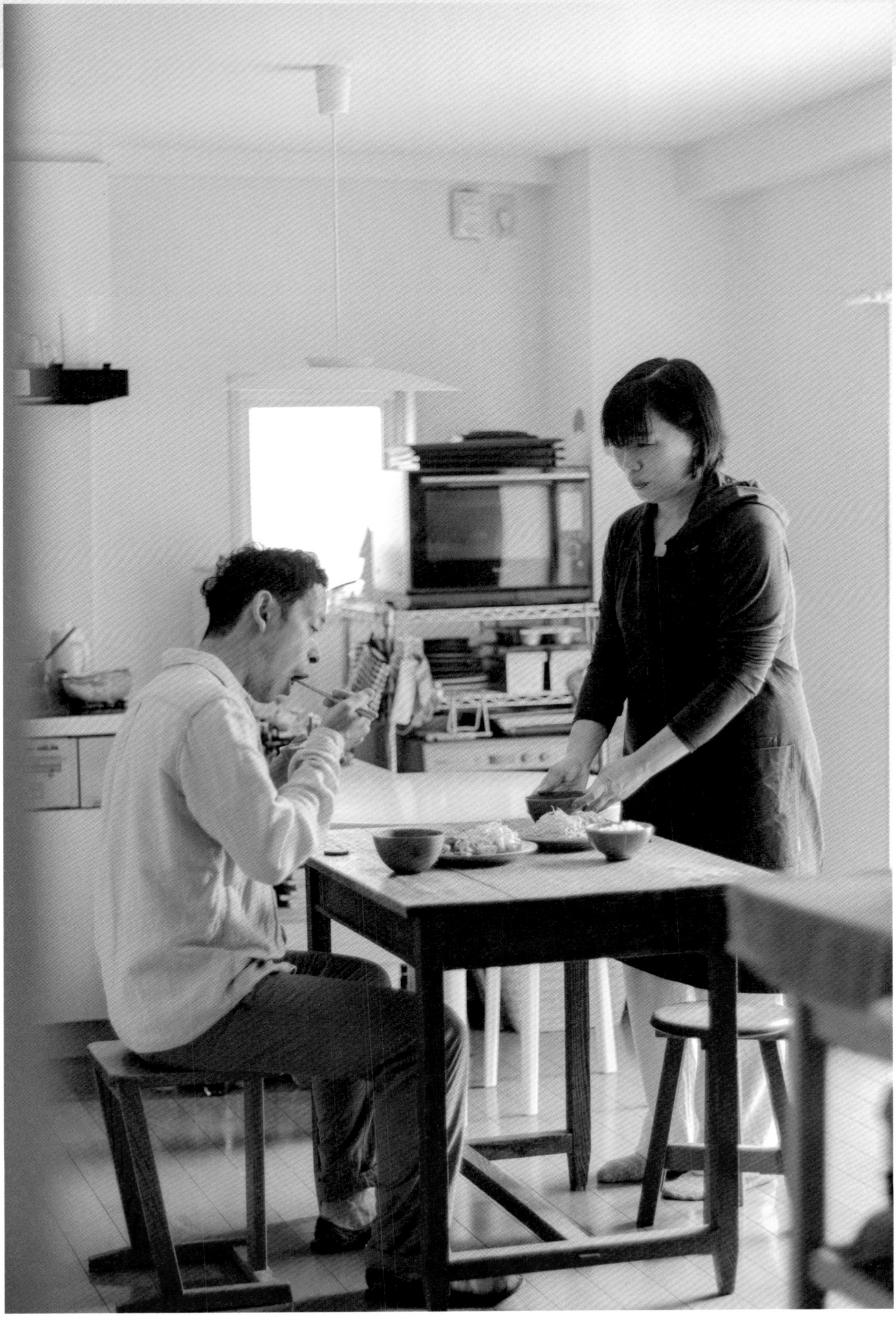

海がはぐくむ塩のこと

江戸時代より塩の一大産地として栄え、
令和元年に「日本遺産」にも認定された塩のふるさと、播州赤穂。
昔ながらのにがりを含んだ塩のこと、
塩づくりを通して育まれた祭りや手仕事について
「株式会社天塩」代表の鈴木恵氏にお話をうかがいました。

“塩の花”と呼ばれる塩の結晶。煮詰めた海水の上に、ひとつ、またひとつと咲くさまが、白い花を思わせる。

江戸時代より塩の名産地として知られる、播州赤穂。日本は岩塩が採れず、四方を海で囲まれているため、古来より海塩づくりを探求してきました。赤穂の歴史には、塩を求める日本人の試行錯誤の歴史という側面があります。

かつては千種川河口の海沿いに見渡す限りの塩田が広がり、その上流で船積みの作業に勤しむ人々の姿が見られたという港町、坂越。何艘もの塩廻船が行き交ったであろう坂越湾には、緑したたるこんもりとした生島が。古来より大避神社の聖地として人が立ち入ることを禁じていたため、今も原始の自然が残り、生島樹林として国の天然記念物にも指定されています。毎年、秋になると生島へと船で神輿を運ぶ「坂越の船祭」が行われ、年に一度この日のみ、神事のために島への上陸が許されます。鈴木恵社長は坂越の出身で、海とともに育ったそう。

兵庫県立赤穂海浜公園にある、「塩の国」。昔ながらの塩田設備が復元され、塩づくりの変遷を体感できる。

「かつて赤穂では千種川をはさんで東西に塩田があり、東浜では江戸方面へ出荷した差塩、西浜では大阪・京都へ出荷した真塩をおもに生産しており、製造方法も異なりました。私たちのルーツは、東浜です。赤穂海浜公園内にある『塩の国』に行くと、復元された流下式塩田を見ることができますが、約50年前、私の少年時代にはまだそのような方法で塩づくりをしており、よしずの下を走り回って遊んだものです。大避神社に祀られているのは、秦河勝という聖徳太子の側近だった人物で、生島に墓所があるとされています。聖徳太子の死後に船でこの島に流れ着き、塩づくりは彼が手がけたという説も」

鈴木社長が「株式会社天塩」（以降、「天塩」）の母体である「赤穂化成株式会社」で働き始めた昭和46年頃は、ちょうど国策により昔ながらの塩田が廃止され、化学的なイオン交換膜法による塩づくりを推進する時代の転換期にありました。

「当時の日本は急激な経済発展を遂げ、公害による海の汚染が問題視されていました。そんな背景から、塩田で塩をつくり続けることへの懸念があったのでしょう。そこで、日本が誇る技術力により、効率的に純度の高い塩をつくろうという流れになったわけです。塩田の塩づくりは太陽と風の力を借りながらなので天候にも左右されますし、製造できる量も限られてしまう。一方、イオン交換膜法なら、日本のどこの海水であっても、同じ品質の塩が製造できます。ところが、その塩の味に違和感を感じる一部の消費者が現れました。『これまで食べていたような、昔ながらのおいしい塩をもう一度、つくって欲しい』と要望があり、それに応えるかたちで生まれたのが私たち『天塩』という会社です。つまり、自然塩存続運動を主導した先人たちがいて、署名を集めて政府を動かした結果、特殊用塩というカテゴリーが生まれ、彼らの想いを

塩づくりの最終工程である「釜炊き」。かん水と呼ばれる濃縮した海水を、土釜でじっくり煮詰めていく。

海水を煮詰め 塩の花を咲かせる

できたてはにがり成分の尖った苦味が強く、時間が経つほど、まろやかな風味に。

完成間近の塩。機械化される以前の塩づくりは、すべてが人力で、重労働だった。

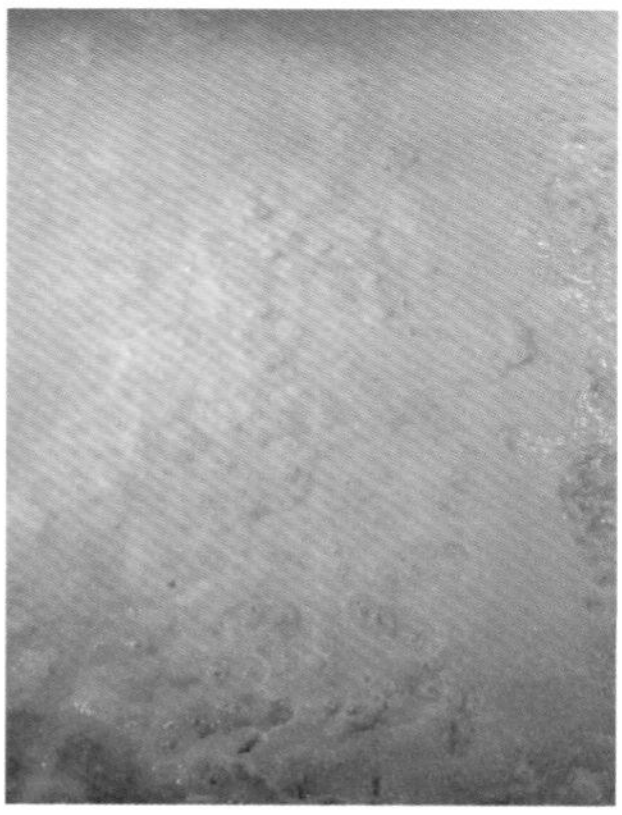

4時間ほど煮詰めると、生成り色の海水の上に、“塩の花”がふわりと浮いてくる。

受け継ぐかたちで現在まで続いているのです。そのような成り立ちが、私たちの原点であり、誇りでもあると思っています」

塩の化学式は$NaCl$（塩化ナトリウム）ですが、海水からつくられる塩にはごく自然ににがりが含まれ、$NaCl$以外のマグネシウムやカルシウム、カリウムなどさまざまな元素が微量に含まれていることが重要なのだそう。「天塩」は創業以来、命の源である海に敬意を払い、昔ながらの塩に近づけようとノウハウを積み重ねてきたのです。

そんな、人と海の共同作業だったいにしえの塩づくりは、「塩の国」で歴史の一端を追体験することができます。中世に広がった「揚浜式塩田」、江戸時代より行われた「入浜式塩田」、昭和20年代後半から主流となった「流下式塩田」の3つの様式が復元され、かん水を大きな土釜で焚く最終工程を見学することも可能。できたての塩はにがりの刺すような苦味が強く感じられますが、時を経るほどまろやかに、ほのかな甘みがじんわり感じられるのです。

往時の活気を偲ぶ坂越の町

坂越のメインストリート「大道」。石畳が敷かれた道の両側には、船主屋敷や酒蔵がいまも立ち並び、港町として栄えた往時のにぎわいを感じさせる。

雨の日の仕事として生まれた赤穂緞通

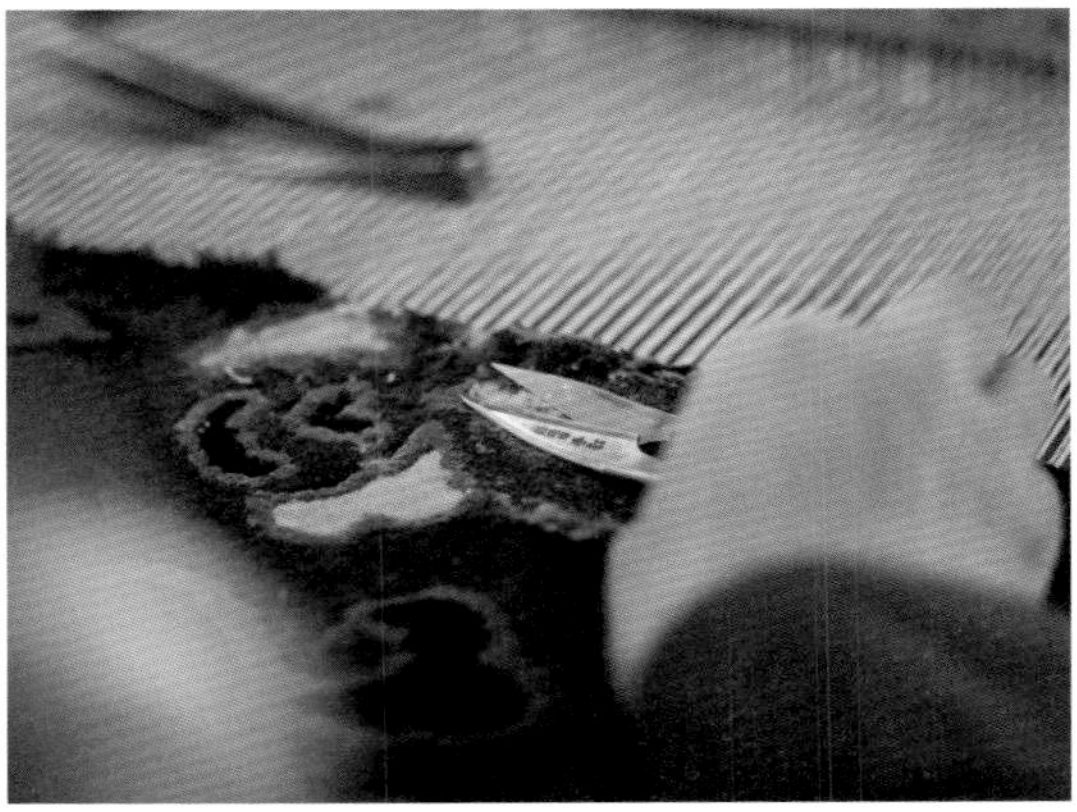

上）赤穂緞通を代表する文様「利剣」。通称「忠臣蔵」とも呼ばれる。
下）制作時間の大半を占める「摘み」。色の境に鋏を入れ、立体感を出す。

また、赤穂の塩づくりからは、日本三大緞通と称される「赤穂緞通」という150年の伝統を誇る文化も生まれました。綿糸を使い手作業で織られる絨毯で、塩田で作業ができない雨の日などに、女性が担う仕事だったといいます。腰折れ鋏を使って「摘み」という作業を根気強く丹念にすることで、鳳凰や牡丹などの文様を立体的に浮き上がらせるのが特徴とか。

赤穂の塩が時代の転換期を乗り越え、いまなお、人々の暮らしになくてはならないものとなっているように、赤穂緞通も織り手が最後の一人になるという危機を乗り越え、次世代へ手渡す価値あるものとして守られ続けています。いつの時代にも〝本物〟を求める人は必ずいて、良いものは必ず残る。ひとつまみの塩から、そんなことを教えてもらいました。

角田真秀　すみだ・まほ

料理研究家。夫の角田和彦とともにフードユニット『すみや』として、ケータリングを開始し、料理教室、雑誌や企業のレシピ提案などの活動を行う。家族の介護などで忙しい日々を過ごした30代の頃、天日塩をはじめとする基本調味料だけで料理を作る事に支えられた。その経験により、どの家庭にもある基本の調味料を使った、心も身体も休まるレシピを考案し、幅広い層に支持されている。著書に『基本調味料だけで作る毎日の献立とおかず』（マイナビ出版）、『フライパンひとつで作る炒めもの、煮もの、蒸し焼き』（主婦と生活社）、『料理が身につくお弁当』（PHP研究所）、『うまくいく台所成功レシピと料理のコツ』（文化出版局）など。おすすめ食材のオンラインショップ sumiya STORE も人気。

http://sumiya-nikki.blogspot.jp
https://sumiyalife.stores.jp/
Intstagram@sumimaho

撮影　濱田英明
ブックデザイン　茂木隆行
スタイリング　朴 玲愛
調理アシスタント　松本佳子、角田和彦
編集・取材・文　松家寛子
取材・文　野崎 泉（P.132 ～ 135）
編集担当　鈴木理恵（TAND）

撮影協力

株式会社天塩
東京都新宿区百人町 2-24-9 アマシオビル
TEL：03-3371-1521
https://www.amashio.co.jp/

赤穂化成株式会社
兵庫県赤穂市坂越 329
TEL：0791-48-1111
https://web.ako-kasei.co.jp/

赤穂緞通工房ギャラリー東浜
兵庫県赤穂市東浜町 69
TEL：0791-25-1395
https://www.higashihama.jp/

赤穂市立海洋科学館　塩の国
兵庫県赤穂市御崎 1891-4
TEL：0791-43-4192
http://www.ako-kaiyo.jp/

株式会社ロイヤルクイーン
大阪府大阪市中央区南久宝寺町 1-7-5
TEL：06-6271-0771
https://www.royalqueen.jp/

UTUWA
東京都渋谷区千駄ヶ谷 3-50-11 明星ビルディング
TEL：03-6447-0070
http://www.awabees.com/

味《あじ》つけや保存《ほぞん》、体《からだ》に優《やさ》しい使《つか》い方《かた》がわかる
塩《しお》の料理帖《りょうりちょう》

2021 年 10 月 22 日　発　行　　NDC596

著　　者　角田真秀《すみだまほ》
発 行 者　小川雄一
発 行 所　株式会社 誠文堂新光社
〒 113-0033 東京都文京区本郷 3-3-11
電話 03-5800-5780
https://www.seibundo-shinkosha.net/
印刷・製本　図書印刷 株式会社

ISBN978-4-416-62146-2